キレにくい子どもを育てる。

親子の アンガー マネージメント

早稲田大学教育学部教授
編著 **本田恵子**
HONDA KEIKO

スクールカウンセラー
著 **岩谷由起**
IWAYA YUKI

kokoro
library

講談社

CONTENTS

第3章 キレた子どもへの対処法

イラスト・図版　しろくまデザイン（横春賀）
デザイン　SPAIS（井上唯　吉野博之　熊谷昭典）
装幀　山原望
企画編集　株式会社童夢

は じ め に

「キレやすい子ども」の対応に困って、自分もキレてしまう親御さんがいます。後で落ち着くと「何で、あんなことを言ってしまったのだろう」と落ち込んだり、せっかく子どもが「ごめんなさい」と関係を修復しようとしているのに「今更、何よ」と素直になれなかったりすることはありませんか？

　ちょっとしたボタンのかけ違いで親子の心が離れてしまうことはよくあります。それは、子どもに「自我」が芽生えたり「他者理解」ができるようになったりして、本当の気持ちや考えをストレートに表現しなくなるためです。親も子も自分を守ったり、相手を傷つけないようにしようと予防策を立てるので、お互いに相手の意図を読み違えたり、自分の気持ちを上手に伝えることができなくなったりしてしまうのです。気持ちがキレてしまうと、人間関係もキレやすくなります。

　本書は、子どもがなぜキレてしまうのかを「アンガーマネージメント」の視点から解説し、親にとっても子どもにとっても望ましい結果が導けるコミュニケーション方法をお伝えします。特に2020年に生じた新型コロナウイルス感染症の影響で、家庭内で一緒に過ごす時間が増えたことによる親子のトラブルも増えています。物理的な距離が近くなったため、お互いにどう心理的な距離をとったらいいのか、とまどっているようです。そこで、まず第1章でアンガーマネージメントの理論を説明したうえで、第2章では、キレにくい子どもを育てるための親の関わり方について具体的なスキルを紹介していきます。最後に第3章で、「よくある場面」で何が起こっているのかを解説し、適切な受け止め方や会話のつなぎ方を紹介します。

　本書を読んで、「悩んでいたのは自分だけじゃないんだ」という安心感と「これなら、できそう」という希望が得られることを願っています。

2021年7月　　本田恵子

―アンガーマネージメントとは―

　子育てには様々なストレスがかかります。特に、乳幼児期の子どもは発達途上で不安定ですし、親も、親としての知識やスキルが未熟な状態です。子育て本はいろいろあるので、それに従って子どもに関わってみても、じっとしてほしい場面で子どもが動き回ったり、逆に早く動いてほしい場面で固まってしまったり、思うようにいかないこともありますよね。

　そんなときに、普段は言わないような言葉を思わず口にしてしまって、余計に状況がこじれたという経験はありませんか。

　このように、様々な感情が入り混じってしまい「誰に」「どんな気持ちが」「どのくらい」あるのかが分からなくなっている状態を「アンガー状態」と呼びます。アンガー状態では、まず体温、心拍数、呼吸の上昇や下降など、身体的な変化が生じます。続いて、「何でこうなるの」「どうして私ばっかり」というような、状況をマイナスに捉える考え方が生じやすくなり、その結果、衝動的な行動をとりがちになります。

　このアンガー状態で自分の感情や考え方に何が起こっているのかを理解して、自分の気持ちを適切に表現できるようになることを目指すのが「アンガーマネージメント」です。マネージメントなので、我慢したり、抑圧したりすることとは異なります。また、一時的に深呼吸したりその場を離れたりするなどの応急処置だけでもありません。それまでの「感じ方」「考え方」「行動」に働きかけて、自分にとっても相手にとっても好ましい結果を導く方法を学んでいくのがアンガーマネージメントです。

　たとえば、親が仕事から疲れて帰ってきたら子どもがリビングに脱いだ服を散らかしたままテレビを見ていたとしましょう。親

には「まただ。約束破られた」と被害的な考えが生じます。マイナスの考え方が引き金となってマイナスの感情が起こります。イライラによって体温や呼吸などの反応も生じてくるので、思わず買い物の袋をドンッと荒っぽくテーブルに置いたり、「いい加減にしなさい！」と大きな声で叱ったりしてしまいます。子どもは怒られても無視したり、逆ギレしたりするかもしれません。子どもにとっても親にとってもマイナスの結果になってしまいます。

　ここで、まず親が自分のアンガーマネージメントができると、自分の気持ちを理解して適切に表現する方法を探すことができます。まず「ストレスマネージメント」をして身体的な反応を落ち着かせてから、自分に「何を伝えたいのかな」と「セルフトーク」します。「気持ちよく食事を一緒にしたい」という自分の欲求がわかれば、それを適切に子どもに伝える方法を探します。

　また、アンガー状態の子どもを理解して適切な表現ができるように支援することもできます。本書の第3章では、年齢別の様々なトラブル場面において親がどのように自分や子どものアンガーマネージメントができるかを紹介しています。

　しかしながら、感じ方や考え方、トラブルへの対処行動のくせを修正するのには時間がかかります。そのため、アンガーマネージメントプログラムには5つの課程があり、ひとつずつの課程を練習しながら、少しずつ適切な表現方法ができるようにしていきます。

　本書では、親が自分や子どものアンガー状態を理解して、お互いに適切な表現ができるようになる方法を紹介していますが、子ども自身がアンガーマネージメントができるようになるためには、5課程のプログラムを受講することをおすすめします。本書の最後に学校や相談機関で実施しているプログラムを紹介していますので、ご活用ください。

第1章

なぜ子どもはキレるのか

キレやすい子どもの心理

　子どもがキレるのは「アンガー状態」になるためです。アンガー状態とは、様々な感情が入り混じって混沌とした状態のことです。子どもがキレる状況に共通するのは、感情の自然な流れがキレてしまうことと、人間関係がキレてしまうことです。

1 感情表出のタイプ

　感情のキレ方には、「赤鬼さんタイプ」「青鬼さんタイプ」「凍りつきさんタイプ」の3種類があります。それぞれ何が起こっているのかを考えてみましょう。以下、カッとなりやすい赤鬼さんタイプから説明します。

青鬼さんタイプ　　　　凍りつきさんタイプ　　　　赤鬼さんタイプ

不安　　　　　　　凍りつき　　　　　　　興奮
パニック型　　　よいこの息切れ　　　　　衝動的

図1　子どものキレ方

①赤鬼さんタイプ

　いろいろな刺激ですぐカッとなりやすい子どもたちです。体温が上がり、呼吸も荒くなります。興奮し始めると、爆発するまで止まりま

せんので、途中で止めさせようとすると、周りの人が巻き込まれて逆ギレしやすくなります。爆発した後は、疲れたので眠ってしまい、起きたらケロッとしています。暴れた後始末は、周りの人がするので、本人は自分がやったことの責任をとらずにすみます。気に入らないことがあるとキレることを道具にして、やりたいことを叶えようとする場合もあります。そのため、周囲の人は、赤鬼さんを怒らせないように表面上は言うことを聞いていても、本音では離れたいと思っています。本人もそのことを感じているので、寂しさと不満から余計にキレやすくなってしまうようです。

　対応する場合は、まず、落ち着く環境を作った上で、P54〜を参考にして「自分の気持ちや欲求を適切な方法で表現する」声がけを行ってあげてください。

②青鬼さんタイプ

　不安が強く、１人で自分の好きなことや安全なことをするのを好みます。集団活動や人と合わせることが苦手なので、授業中もマイペースに本を読んだり、問題を解いたりしています。親御さんも「言っても聞かないから」と好きにさせていることが多いので、子どもは言いたいことや、やりたいことがあるときは一方的に伝え、受け入れてくれる人を好みます。青鬼さんがキレるのは、相手が突然自分のテリトリーに入ってきて、自分が苦手なことをやらせようとするときです。「侵入・攻撃」と感じ、恐怖心から総攻撃を開始します。パニックに近い状態のため、言ったことややったことを覚えていないことが多いです。出来事は自分にとって安全な形に書き換えて記憶されるため、聞き取りをしても事実と異なってしまいがちです。決して嘘をついているのではなく、彼らにとっては「事実」なので、聞き取りをすると

きは、P54〜を参考に、「受容的な聞き方」をしてください。

③凍りつきさんタイプ

　虐待を受けていたり、いじめ、暴力など身近につらい出来事が多い子どもがなりやすいタイプです。また、親の前では「よい子」でいないといけないため、マイナスの感情を押し込めたり、切り離そうとしたりしている子どもも含まれます。気持ちが平坦になって、出来事は見ていても感じない状態になっている場合と、相手によってよい子と悪い子が分裂して出てしまっている場合があります。

　対応するときは、彼らの苦しさを受け止めた上で、「自然な感情」を表現するお手本になってあげてください。「私メッセージ」（「私は〜と感じます」「私は〜と考えます」というように、主語が「私」の文）が役立ちます。

2 キレるメカニズム

　子どもたちは、なぜキレるのでしょうか？ 図2は、行動が生じるまでの心の中のモデル図です。親御さんに見えているのは、行動や言葉、身体の調子など、全体から見るとほんの一部分だけです。

　まず、「〜したい」という欲求が現れます。欲求には5段階あり、生理的欲求（食べたい、寝たい、嫌なことから逃れたい）、安心欲求（ほっとしていたい）、所属欲求（居場所が欲しい、誰かと一緒にいたい）、承認欲求（役割やできることを認めてもらいたい）、自己実現欲求（自分らしくいたい）と進みます。実現されているときは、適応行動として表れますが、叶わないとイライラ、寂しいなどのマイナスの感情が生じます。

感情の基になっている出来事を一つずつ解決していくとアンガー状態にはなりませんが、溜めてしまうと「誰に」「どんな気持ちが」「どのくらい」あるのかがわからなくなってしまいます。その結果、お腹が痛い、気持ちが悪いなど身体の調子が悪くなったり、言葉が荒れたり黙り込んだり、衝動的な行動を起こしたりします。

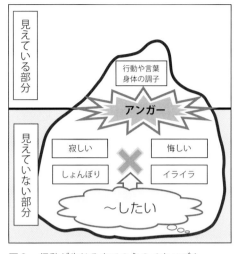

図2　行動が生じるまでの心のメカニズム

　そのため、子どもの本当の欲求を理解していくために、気持ちを受け止めて欲求を言葉にする手助けをしていく必要があるのです。

3 キレやすい子どもとキレにくい子どもはどこが違う？

　キレやすい子どもとキレにくい子どもは、アンガー状態への対応が異なります。アンガー状態になると、以下のような3つの反応が起こります。

①自律神経系の働きが乱れる

②考え方がネガティブになる

③向社会的な行動ができなくなる

　これは、脳の発達と深く関係しているので、次ページ図3「脳機能の概念図」を使って説明していきます。

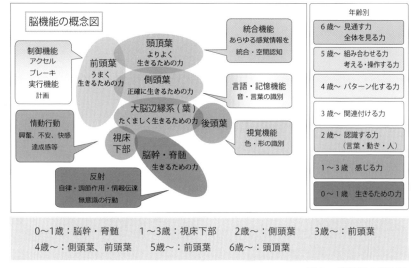

図3　脳機能の概念図

①キレやすい子どもは、自律神経の働きが乱れやすい

　アンガー状態になりやすい子どもは、自律神経系の調節機能が弱いようです。自律神経（図3の脳幹・脊髄）は、「生きるための力」をつかさどっていて、0歳から1歳で発達します。

　何らかの刺激があると、まず図3の「視床下部」という部分から脳内物質が分泌されます。刺激に対応するために血圧の上昇・下降、身体が熱くなる・冷たくなる、脈が速くなる・遅くなるなどの反応が起こります。刺激がなくなれば興奮や緊張も収まりますが、調節がうまくいかない場合には、解消するための行動が始まります。

　興奮しやすい子ども（赤鬼さんタイプ）は、動き回ったり、発散するための行動などを衝動的に行いますが、不安になりやすい子ども（青鬼さんタイプ）は、緊張して動けなくなったり、身体が固まってあちこちが痛くなったりします。また、感じないようにする子ども（凍り

つきさんタイプ）は、ぼーっとしたり、不安なのに笑ったり、怒っているのによい子になったりなど、気持ちとちぐはぐな行動が出てきます。

また、キレやすい子どもは感じる力が未発達です。感情は、不快な感情から分化していき３歳ごろにはほとんどが出そろうので、「楽しい」「嬉しい」「悲しい」「悔しい」など様々な感情と出来事を関連付けることができるようになります。感情の発達で大切なのが「安心感」や「達成感」といった「真ん中で留まれる感情」を育てることです。これがあると、興奮や不安になる出来事があっても「気持ちを抱える」ことができるからです。これをストレス耐性と呼びます。

一方で、キレやすい子どもは興奮して怒ったりはしゃぎすぎたり、不安や恐怖心が強かったりします。気持ちを抱えることができないので、解消するために衝動行動をとったり、不安を強い快刺激で紛らわせようとしがちです。その結果、こだわり行動や依存行動が出やすくなるのです。

アンガーマネージメントプログラム（P140～）は、５課程から成り立っていますが、第１課程でストレスマネージメントを行うのは、自律神経系の働きを助けるためなのです。また、どんな出来事でどんな気持ちになったかを、「気持ちの温度計」（次ページ図４）にして、出来事と関連付けた上で、ストレスマネージメントができるようにしていきます。

「気持ちの温度計」は、アンガーマネージメントプログラムのＤプロ（心理発達の途上にある人向けのプログラム）で主に使うシートです。自分が興奮したり落ち込んだりする刺激を見える形にするものです。ストレスマネージメントをばんそうこうの形にしているのは、抽象的な気持ちを具体的にケアしているイメージをつかみやすくするためです。

また、「気持ちのモニター」（図5）は、自分の気持ちの変化を客観的に観察するために作成します。どんな出来事によってどんな気持ちになったのかを1週間記録してみると、1週間のパターンがつかみやすくなります。たとえば、「週明けは落ち着かないが、木曜日くらいには調子が良くなってくる」、あるいは「週明けは調子がよく活動的だが、水曜日くらいから疲れが出てキレやすくなっている」などがわかり、予防しやすくなります。

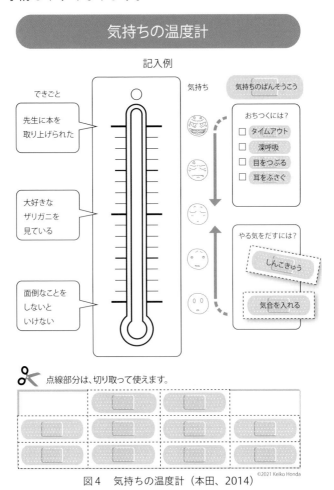

図4　気持ちの温度計（本田、2014）
©2021 Keiko Honda

気持ちのモニター

毎日の気持ちとそうなった背景を整理しておきましょう。
また、次はどうしたらいいかを考えておくと、やり残し感が減ります。

月 日(曜日)	気持ち	出来事と自分の対応	次回はどうしたいか
5/7（月）	朝:ワクワク 夕方:しんどい	連休明けで、新しい企画があり、気持ちが引き締まっている。物品が揃わなくて、取引先とのトラブル処理が相次いだ	予備の計画も立てておく

図5　気持ちのモニター　保護者向けＰプロ（本田、2020）

②キレやすい子どもは、状況をマイナスに捉えやすい

　アンガー状態になりやすい子どもは、状況を主観的に捉えたり、マイナスに捉えたりしがちです。これは、P12図３の「脳機能の概念図」の中で、「側頭葉」（言語・記憶機能）や、「前頭葉」の状況を客観的に関連付けて把握する力や、「頭頂葉」の全体を見通す力が未発達であることが影響しています。そのため、興奮や不安をあおる出来事に出会うと「もうだめだ」や「あいつのせいだ」「いっつもこうなる！」などの「オートマチック思考」（刺激に対してすぐに出てくる考え方のくせ P147）が生じやすくなり、そのままマイナス行動を起こしてしまうのです。この行動を変えるためには、肯定的で具体的な言葉による指令が必要です。また、状況の「見通し」（どこまでやればよいかというゴールや、これが終わったら楽しいことをしようという計画）を立てたり、いろいろな方法を組み合わせたりして解決策を考える力も必要になります。

言語力は2歳から、客観的に認知する力は3歳から、公式やパターンを記憶する力は4歳から成長していきます。5歳では自分で問題を解決するために目標を決めたり、これらの力を組み合わせて計画を立てたりすることができるようになるのです。

　キレにくい子どもに育てるためには、幼児期に脳の機能を健全に育成することが大切であるとわかります。アンガーマネージメントプログラム（P140〜）では、第1課程と第2課程で、感情の言葉を増やしたり、状況を客観的に見る力を育てたり、マイナスの考え方をプラスに変える「セルフトーク」や「なっとくのりくつ」を学びます。

①セルフトーク

　"気持ちにかける言葉"（「落ち着け」「大丈夫だよ」など）、"考えにかける言葉"（「周りを見てみよう」「見通しを立ててみよう」など）、"行動にかける言葉"（「別の方法を探してみよう」「気持ちを伝えてみよう」など）など、葛藤場面で向社会的な判断ができるようになるための言葉で、言語力や判断力がある程度成熟している人が使います。

②なっとくのりくつ

　自分がやりたいことと周囲が求めていること（規則、欲求など）が対立するときに、折り合いをつける言葉です。現実検討能力が育って向社会的判断ができるようになるまでは、葛藤場面で気持ちを切り替えるのに活用します。

　図6は、アンガーマネージメントプログラムのDプロ（心理発達の途上にある人向けのプログラム）の第2課程で使っている「なっとくのりくつ」カードの一部です。カードの上の青色部分が自分につぶやく言葉で、下の黒字がこの言葉を使える場面です。このカードのように、なっとくのりくつは、折り合いをつけなくてはいけない対象に応じてわかりやすいタイトルをつけて学びます。

　たとえば、自分は続けていたくても「行動を止めなくてはならない場面」では「タイムアップ」や「後でやろう」を使いますし、自分はやりたくなくても周囲から求められた行動をしないといけない場合は「ここは学校」「できることをやればいいんだ」などを使います。

タイムアップ（時間切れです）

- まだ遊びたいのに、授業が始まった
- 負けているのに、試合時間が終わった
- 途中なのに、約束していた時間が来た

先生が決めること

- ぼくは、漢字の宿題は5個がいいのに、先生は10個だと言う
- 今日は実験だ、と楽しみにしていたのに、時間割が変わった
- 好きな友達の隣に座っていたいのに、自分の席に戻りなさいと言われた

後でやろう

- 本の続きが読みたいのに、授業中だからダメだと先生に言われた
- ぼくが得意な話題なのに、先生が説明中だから黙っていなさいと言われた
- ボールで遊びたいのに、今日はマット運動をすると言われた

ここは学校

- 1人で問題を解いている方がよくわかるのに、みんなと同じことをしないといけない
- 着替えなくたって運動できるのに、体操服に着替えなさいと言われた
- 私はお弁当が好きなのに、学校は給食

できることをやればいいんだ

- 話すのが苦手なのに、今日はスピーチの番
- グループ作業は、周りの目が気になって緊張する
- 予定していなかったのに、急に当てられた

相手が決めること

- 今日はAさんと遊びたいのに、AさんはBさんと遊ぶと言う
- スタメンに入りたかったのに、コーチは違う人を選んだ
- けんかした友達に謝りたいのに、避けられる

図6　「なっとくのりくつ」カード（本田、2016）

17

③キレやすい子どもは、ソーシャルスキルが未発達

　キレやすい子どもの特徴の3つ目は、ストレス場面での解決策が少ないことです。3歳ぐらいから幼稚園や保育園などの「社会」で生活していくようになると、子どもは自分の思い通りに行動できないことが増えます。そのため、社会に適応するために2歳ごろからしつけが始まるのです。アンガーマネージメントで学ぶ社会性には、基盤のスキルとして「基本的なソーシャルスキル」「仲間づくり」「メタ認知」「自尊心」があります。筆者はSST（Social Skills Training ソーシャルスキルトレーニング）尺度（図7）、を作成し、アンガーマネージメントの効果測定や社会性の発達の指標としています。

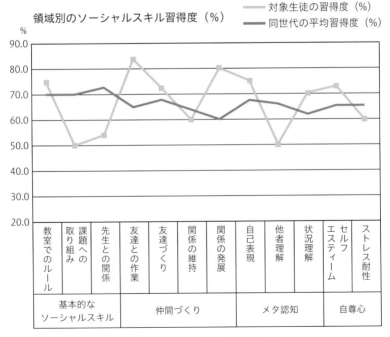

図7　SST尺度（本田、2016）

　まず、社会で適応するためには、「ルール」の存在を理解し「その場の指導者」の指示に従うことが必要です。また、その場で設定されている課題に取り組むために、課題の内容を理解して自分で準備し、最後まで取り組む力も必要になります。たとえば、幼児が保育園で過ごす場合、どの場所では何をしてよいのか、してはいけないことは何か、道具の使い方、担任の先生の指示だけではなく、代理の先生が来ても耳を傾ける、などが基本的なソーシャルスキルになります。また、保育園の中では集団での活動があるので、友達と一緒に道具を分け合ったり、順番を守ったりしなくてはなりません。

　ここでP16の「なっとくのりくつ」が活躍します。ルールに合わせるために自分のやりたいことを抑え込んでしまったり、自分のやりたいことを通そうとしてキレてしまったりしないよう、自分のやりたいことと、その場でしなくてはいけないことに折り合いをつけるのです。

　友達と楽しく遊ぶためには、「おはよう」「ありがとう」「元気？」などの挨拶や、「だから」「そして」などのつなぎ言葉、また、「いーれて？」「一緒に遊ぼう」と言って仲間に入ったり、呼び込んだりするスキルも必要になります。また、４歳ぐらいからゆるい集団ができるようになるので、同じ仲間と関係を続けるためのコミュニケーション力が必要になります。

　さらに、５歳ぐらいからは、自我がはっきりしてくるので、様々な場面で自分の意見と友達の意見が対立し始めます。そのときに話し合って解決していくためには、「今、何が起こっているのか」という状況の理解、他者理解や自己表現といったスキルを育てる必要があるのです。

　これらをベースに、自分の気持ちや考えを抱える力である「ストレス耐性」と、自分らしさを大切にする「セルフエスティーム」を育てていきます。

4 これからの社会で「自立」と「共生」ができる子どもを育てるために

　これから子どもたちが成人していく社会は「ソサイエティ5.0」と言われ、人工知能（AI）が活躍する社会になっています。これは、移動、購買、意見の発信、健康など、様々な場面で集められた個人の情報がAIによって分析され、個人や社会に提供されるシステムです。

　現在のソサイエティ4.0の社会では、自分が集めたデータを自分がインターネットのクラウド上に保管して限られた人と共有していたので、主導権は自分にありました。しかし、5.0になるとAIが「あなたには、これが向いていますよ」「今、これがお宅の冷蔵庫にはありませんよ」と知らせるのみならず、「足りないので注文しておきました」と自動的に課題を解決してしまうようなこともあり得ます。

　このような社会で自立して、自分で適切な判断ができる子どもに育てるためには、図8に挙げた力が必要になっていきます。

　素質のところにある、リーダーシップ、挑戦する姿勢、自己肯定感、忍耐力、協働する力などは、アンガーマネージメントプログラム（P140〜）の第4・5課程（ソーシャルスキルの要素）にも加えてあります。小学校や中学校で身につける基礎学力は、社会を構成したり、未来を創造したりしていくために必要なので、学校で学んでいることが社会とどう関係しているのかを「見える形」にしてあげることが大切です。

　小学校高学年から中学校にかけて「勉強嫌い」になりやすいのは、「勉強」と「実学」の関連性が実感できないことが多いからです。子どもたちが「つまらない」「わからない」と言うときには、勉強のやり方を教える前に、まず学習に興味を持ち、自分に役立つことが具体的に理解できるように、「つまずき」の背景を聞いてみてください。

その際、第3章で解説する「子どもの気持ちを受け止めるコミュニケーション」のスキル（P54〜）を活用することができます。

　小学校、中学校で読解力、思考力、表現力の基礎学力が獲得できれば、様々な教科への興味関心が広がり、高等教育につながる「リテラシー」を身につけ、自ら調べたり、発見したり、研究したり、創造したりして未来社会を自ら築いていくことができるようになります。

　また、多様化する社会では価値観の対立が生じます。子どもたちの「いじめ」で最も多いのが、自分たちとは異なる見た目の人たちや、感じ方・考え方の違う人たちに対する「無視」「仲間はずれ」「誹謗中傷」です。これは、不安が攻撃性に転じやすいためです。「共生」していくためには、違いを受け入れる力や、違いを活かせる共感性を育ててあげてください。

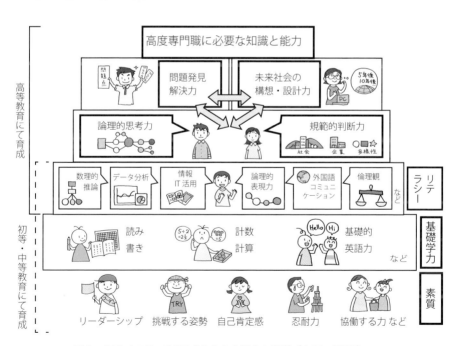

図8　ソサイエティ5.0で求められる能力と資質（本田、2021）

子どもは親の姿を見本にする

　子どもたちは、身近な大人の行動を見て学びます。感情の発達は同じなのに、キレにくい子どもとキレやすい子どもがいるのは、幼少期からのアンガー状態への対応のされ方が異なるからです。アンガーになっても周囲の大人が気持ちを受け止めて、適切な表現の方法を教えてあげれば、キレにくい子どもに育ちます。

　一方、キレやすい子どもは、周囲の大人がキレることで自分の欲求を叶えているのを見て学習していることが多いのです。では、どのような大人の態度を子どもたちは学習しているのでしょうか。

1 子育てで大人がキレやすくなるのはなぜか

　普段は穏やかなのに、子どもと関わっているとキレやすくなる親御さんがいます。それは、子どもに対する「期待」が叶えられていない場合に生じているようです。自分の子育ての見本は、自分が親からどのように育てられたかです。厳しくしつけられた場合、自由にさせてもらった場合、親が過保護だった場合などがあり、自分がそれを良いと思っていれば従うし、嫌だった場合は反対の行動をとりがちです。

　しかし、自分と子どもは別の人格なので、なかなか思い通りにはいきません。期待と現実のギャップは、子育てがうまくできない自分と、自分の思いを叶えてくれない子どもの両方に向かいます。落ち着くと「この怒りは自分のふがいなさに向かっている」と気づくのですが、アンガー状態のときは「何で、こんなこともできないの！」「この前も言っただろう！」と怒りを子どもに向けてしまいがちです。子どもも同様で、「こう

いう反応が欲しい」という親への期待と「このくらいは許してくれるだろう」
という甘えとがあるので、お互いの思いがすれ違ってしまうようです。

2 子どもが混乱する問いかけをしている

　子どもをキレやすくさせる問いかけがあります。親は子どもに、自
分で自分をコントロールする「自律」や、自分の意見を持つ「自立」
を促しているつもりでも、次のような言い方は「突き放した」イメー
ジを持たれ、子どもをアンガー状態にしやすいので注意が必要です。

①どう思うの？　どうするの？

「どう」（How）にはいろいろな要素があります。様々な思考力や解
決方略がある子どもの場合には「どう」は有効ですが、受け身の子ど
もの場合は、親御さんの質問の意図がわからず、答えられません。
　親「勉強どうするの？」
　子「どうって？」
　親「ゲームばっかりしてたら、どうなると思ってるの？」
　子「…………」
（勉強をやるかやらないか、何をやるかを考えていたら、次の質問はゲー
ムをどうするかになったので、子どもは混乱してしまいました）
[対応１] 子どもが答えやすいように、具体的に聞く
　例：「宿題は何時から始める予定？」「この後、何をするか教えて」
[対応２] 親の事情を先に伝える
　背景がわかって安心します。
　例：「今日は、８時から明日の仕事の準備をしたいの。宿題で手伝
ってほしいことがあるなら、その前までならできるよ」

②漠然とした指令

「ちょっと来て」「すぐ来て」「手伝って」は、何をさせられるのかが わからないので、子どもを不安にさせます。

［対応］具体的にやってほしいことを見せたり言ったりする

なぜ、それをしてほしいか「理由」もつけると子どもは安心します。

例：「○○さん、5分くらい手伝ってほしいことがあるの。お母さん1人じゃ運べない荷物があるのよ」

3 子どもの自律性や自信を損なう コミュニケーションのパターン

子どもと話し合っているときに、子どもがキレる「引き金」になりやすいコミュニケーションのパターンがあります。親がアンガー状態になっていて、「自分の気持ち」と「何を伝えたいのか」の欲求が混在している場合に、これを使いやすいようです。まず、NGのパターンとその理由を説明し、「本当のメッセージ」を伝える方法を紹介します。

①事実を決めつける
「～したんでしょ」「いつも～してる」

「今日、けんかしたんだってね」「口ばっかりで、ちっとも勉強していないじゃない！」など、自分の主観で決めつけた言い方をすると、コミュニケーションが閉ざされてしまいます。その出来事は子どもにとっては、けんかではないかもしれないし、「争いごと」の背景に何か事情があるかもしれないのに、「どうせ言い分は聞いてくれないんだ」と思ってしまうからです。

[対応] 子どもにとっての事実を客観的に聞いてみる

　このときに役立つのが「何があったの?」「〜のことについて、話してくれる?」のように、「何」「〜について」など具体的に話してほしいことを指定する方法です。子どもは、主語を抜いたり、時系列が混乱したりすることが多いので、まずは、うなずきながら子どもの話を最後まで聞き切るようにしてみましょう。その後、図や文字にして整理します。

②自分の感情を相手に押しつける
「恥ずかしいでしょ」「悔しいと思わないの?」

　子どもの行動を恥ずかしい、悔しいと思っているのは親の方で、子どもは違うかもしれません。そのため、主語が誰だかわかりにくい文を投げかけられると、子どもは、「親が怒っている」「恥ずかしいと思え、と責められている」と感じてしまいます。

[対応] 自分の気持ちを伝えたいときは「私メッセージ」を使う

「ママは恥ずかしいな」「私は悔しいよ。だってA君が頑張ってるの、見てたもの」などです。また、子どもの気持ちを聞きたいときは「〜は、嫌だった?」「悔しかった?」と問いかけてみましょう。はっきり答えられる質問の方が気持ちを整理しやすいためです。

③責めるような言い方をする
「何で?」「どうして?」

「何で、できないの?」「どうして、そういうことをするわけ?」という言い方は、理由を聞いているのではなく責めているように捉えられがちです。

[対応] 理由を聞きたいときは、「〜ということになっているね」と事実を伝えた上で「理由を話してほしい」と背景を聞いてみる

④ものごとを否定的に伝える

「それやっちゃだめ」「ここ違う」

「〜しないなら、〜できなくなるよ」「今更、やったって無駄だよ」

　行動を制限されたり、間違いを指摘されたりすると、自分を守るために攻撃的になりがちです。子どもからは、「うるさい」「関係ないだろう」と反発されやすくなります。また「〜できないよ」と否定的な結果を示されると、「頑張ってもだめなのだ」と、自信を失い努力をあきらめてしまいます。

［対応］客観的に、できているところを認めた上で、**修正する方法を一緒に考える**

　例：「ここまで、できているね」「〜にするには、何を足せばいいと思う？」など

⑤相手のせいにする

「あなたが〜だから、こうしているんでしょ」「あなたのために〜」

　子どもから行動を責められると、親も言い訳したくなります。そのときに使いがちなのが「あなたが〜したからでしょ」「あなたのためにやっているんでしょ」というフレーズです。事情を説明して、子どもを説得しようとしてしまうために、強い口調になりがちです。子どもは、「親が言い訳をしている」「議論をすり替えようとしている」と不信感を持ってしまいます。

［対応］**ミスを指摘されたときは、まず、事実を受け止める**

「そうだね。そういうことがあったね」と受け止めた上で、「それはね、〜という事情があったからなんだ」と、その理由を説明しましょう。

⑥自分のやり方で解決しようとする

「それは、こういうふうにすればいいよ」
「こう言えばいいじゃない」「～してみたら？」

　子どもがトラブルに巻き込まれたり、困っていたりすると、親も不安です。素早く解決してあげたくなるのは自然なことですが、果たして親が提案した解決方法が、子どもにとって適切なのかどうかはわかりません。「わかった」と言っても、子どもはそのやり方をしたことがないので行動に移せなかったり、うまくできなかったりします。やらないでいて親からせかされたり責められたりすると、次第に子どもは相談しなくなってしまいます。

［対応］子どもが今までやってきた方法を聞いてみる

　うまくいっているところは続けて、何か一つ加えたり減らしたりして、子どもができそうなことを一緒に考えてください。「それならできそうだ」と自己効力感が持てるようになります。

　たとえば、友達に嫌なことを言われたときに、今までは黙ってじっとしていたような子どもが「やめて」と言ったり、にらみつけたりして相手に対抗する行動をとるのはハードルが高いです。この場合は、一つ足し算をする行動として「手を挙げて助けを求める」または、「いじわるをしそうな子がいるときには、お友達と一緒に行動する」などを提案してみましょう。また、つい言いすぎてしまったり、手が出てしまったりするお子さんの場合は、一つ引き算をします。「近づかない」「手が届かない位置で話をする」などです。

⑦肯定してから否定する
「いいよ。でも、ここはダメだよ」

　子どもがやりたいことを提案してきたとき、できるだけ受け入れてあげたいとは思っても、すべてOKにはできないことも多いと思います。また、子どもがせっかく一つのことをできるようになっても、親は「もっとできるようになってほしい」と思って、さらなる要求を出しがちです。受け入れてもらった後で拒否されたり、追加の要求をされたりすると、子どもは全否定されたと捉えてしまうことがあります。ダメ出しが続くと、また何か言われるのではないかと不安にもなります。

[対応] 肯定した後で、「そうだね、それならこれを足すともっと良くなるよ？」と、改善の方向性を具体的に示す

　ただし、提案はしてもそれを採用するかどうかの判断は、子どもに任せることが大切です。子どもは考えるのに時間がかかるので、焦らせずに「じっくり考えて、自分ができそうなことを選べばいいよ」と安心させてあげましょう。

第2章

子どもの発達に合わせた
親の関わり方

乳幼児期の発達に伴う親子関係の変化

　親子関係は、子どもの発達に伴って変わっていきます。また、それぞれの発達段階で獲得していきたい要素があります（表1）。各段階での心理的な達成課題を解説しますので、子どもとの関係の指標として参考にしてください。その時期にできていないことに気づいたら、後からでもよいので獲得できるように支援してみましょう。

　乳幼時期は、生きていくために必要な様々な要素を獲得していきます。自立には、自分の身体と行動を調整する力が必要です。それぞれの年齢でどのようなポイントを育てていくとよいかを解説します。

1 0〜1歳：生きるための力が発達する

　P12図3で脳の発達について説明した通り、0〜1歳では生命を維持するために自律神経系の発達を促し、心理的に安定・安心できる環境を作ります。0歳は、身体の維持機能が未発達です。暑さ・寒さ、喉の渇き、体温、排泄など、自分ではまだコントロールがうまくできません。外の環境に影響されて体温が上がったり下がったり、親の不安感を受けて心拍が上がったりもします。

　この時期に育てたい心理的な課題は「信頼」です。感情はまだ、快・不快だけなので、できるだけ不快を快に変えるように環境を調整します。言葉は、まだ単なる音として認識されています。いろいろな音、心地よい声がけなどで外界への安心感や興味を育てましょう。身体の成長は、首が据わると一気に進みます。身体の軸がしっかりするようにサポートしてください。体幹ができると、手足を自由に動かすことができるようになり、手指を使って欲しいものを手に取ったりするこ

時期	達成課題	獲得に失敗した場合 ※（　）は失敗に影響する要因	関係する人
乳児期 0〜1.5歳	**基本的な信頼** 社会は自分にとって安心できる場所、声を発したら誰かが応えてくれる場所と感じる	**不信感** （親から否定、無視される場合）	両親 身近で世話をする人
幼児期初期 1.5〜3歳	**自律** 自分の身体をコントロールする力を身につけていく。排泄、食事、衛生、安全など	**恥・罰** （失敗したら恥ずかしいと言われ、罰を受ける場合）	両親 身近で世話をする人
幼児期後期 4〜6歳	**自立・積極性** 自分の意思や気持ちを持つことを認められ、励まされる	**罪悪感** （親と異なる行動・意見は否定される場合）	両親
学童期 7〜12歳	**勤勉性** できたことや途中経過の評価を受ける。個人の成長を客観的に認めてもらえる	**劣等感** （結果の良し悪しのみで評価される。人との比較。主観的な評価を受ける場合）	友達 先生
青年期 13〜22歳	**アイデンティティの確立** 〜15歳：集団への所属 〜18歳：一対一の親密な関係 〜22歳：自我の確立	**アイデンティティの拡散** （同性の友人や趣味などが似ている集団が見つからない、排除・参加を禁止される、居場所が見つからない。親友が見つからず、ありのままの自分を受け入れてもらえなかった場合。様々な経験を統合できず「自分が誰なのか」がわからなくなる）	仲間 親友 恋人 職場の同僚、上司など
成人期 23〜30歳	**親密性** 同僚・恋人などにありのままの自分を受け止めてもらう体験をする	**孤独** （頼られるのみ、無視されるなど情緒面での相互交流が得られない場合）	恋人 配偶者 職場の仲間
壮年期 31〜40歳 両親の 世代の課題	**生殖性** 家族を形成し、子どもの教育を通して、親としての自分に育っていく。子どもがいない場合は、社会への貢献を通して達成	**停滞** （自分の生産性に自信がなくなる、社会に成果を残せない不安がよぎる）	家族 上司、部下
老年期 41〜60歳 祖父母の 世代の課題	**自己の統合** 家庭、社会両方におけるQOLが充実してくる	**絶望** （母の役割だけをしている場合、子どもが育つと「空の巣」として落ち込みが激しくなる。孫ができると孫に没頭したくなる。社会で認められない場合は、ひきこもり傾向が強くなる）	家族 職場、地域社会

表1　成長に伴う達成課題（Erikson〔1950〕を基に本田が作成）

とができるようになります。世界が広がり、探索しながら様々なもの
や人に愛着を広げていくことができます。

マイナスの行動が出たときの対応

　この時期は、子どもがまだ自分で感情や行動を制御する力が弱いの
で、親が子どもの行動を適切に読み取って対応してあげましょう。泣
き止まない、食べない、寝ないなどは、まだ「意思」ではなく身体の
どこかの調子が悪いことを示しています。まず、生理的な欲求を叶え
るために安心・安全な環境を整えてあげてください。

　また、赤ちゃんのそばで不安な出来事があるとき（親がけんか、物
音がうるさいなど）は、赤ちゃんには「何が起こっているのか」認識
できていません。まずは抱きしめる、安心できる声がけ、そばにいる
など、赤ちゃんが安心できる対応をしてあげましょう。

2　1歳〜：様々なものを感じる力が育つ

　子どもの気持ちを受け止める、大人の応答をはっきり見せるなどし
て、大人との「愛着」を育てます。1歳は言葉が未発達なので、身体
の表現で気持ちや意思を伝えようとします。立てるようになると両手
が自由になるので、身体を自由に動かすことができるようになります。
「興味があるもの」や「外からの刺激」につられて、近づこうとした
り、自分で手に入れようとして危険な行動になったり、欲しいものを
手に入れるときに、泣く、相手をたたく、かじるなどのマイナス行動
が出やすくなります。また、一度マイナス行動で欲しいものを手に入
れると、同じ行動を繰り返しやすくなるので、その場で適切な方法に
修正しましょう。

　この時期に育てたい心理的な課題は、自発性のもとになる「自律」
です。感情の発達は不快感情から進むので、不安、嫉妬、苦痛が増え
る時期です。お腹がすいて苦しい、眠くて不快、ママがいなくて寂し

いなど、子どもが表現しているときに「〜なのね」とネーミングした上で、安心に変える具体的な体験をさせてあげてください。たとえば「寂しかったんだね。ママはここにいますよ」と言って抱きしめる、などです。「こうすれば苦痛が安心や心地よさに変えられるのだ」という安心感が得られると、自分でもコントロールができるようになっていきます。

言葉は、感覚を「ばーばー」「ぶーぶー」のような喃語（なんご）からオノマトペや単語にしていきます。型にはめず、子どもなりの発信を楽しんでください。たとえば、「ぶーぶ」で5つぐらいの意味（車、お茶、玄関チャイム、怒っている、お風呂など）を持たせている子どももいます。身体は、より強く体幹を作る時期です。強い体幹ができると、身体を起こす、直立する、座るなどができるようになります。重心の移動をして、バランス遊びを楽しめるように、大人も一緒に活動してみてください。

マイナスの行動が出たときの対応

誤った行動に対しては、「こうしたいんだね」と欲求を言葉にしてからお手本を見せて、正しく表現する方法を教えていきます。できたらほめることで、同じ行動への動機づけが増します。

3　2歳〜：認識する力が育つ

この時期は、言葉と運動能力が発達します。気持ちの言葉、行動の言葉、考えの言葉など、これまで感覚的だった出来事に一つ一つネーミングすることでコントロールしたり、自分の欲求を言葉で周囲に伝えたりするようになります。言葉と行動を関連付けながらたくさん覚えるように促してみましょう。ただし、まだ物事と言葉が「一対一対応」なので、いろいろな言い方をすると混乱します。子どもの視点を意識して声がけをしてあげてください。

また、「楽しい」「嬉しい」といった快感情が分化していきます。表

情や動作からわかる気持ちにネーミングをして、感情の言葉を増やしてあげましょう。オノマトペからでOKです。「ドキドキだね」「わくわくするね」「ぶるぶる怖いね」「しょんぼりするね」などです。言葉は一気に増えて、2語でいろいろな表現をし始めます。自発的に表現している様子を認めて、「パパ、帽子」⇒「パパの帽子だね」「パパ、帽子とってかな？」と大人がわかろうとする姿勢を示しましょう。

　身体は、しっかりと体幹ができてくるので、重力の不安から解放されます。自分で走ったり跳んだり登ったりします。コントロール感はまだ不十分なので、転倒や怪我が多くなります。環境に配慮して、安全に走り回れるようにしてみてください。「しつけ」や「ルール」を教えるときは、「やっていいこと」を伝え、できたらほめることが大切です。「いけないこと」を叱ってもまだ論理性は発達していませんから、説明されても「理由」がわからず、苦痛に感じてしまいます。

マイナスの行動が出た場合の対応

　子どもが落ち着かないときは、一時的に刺激を排除して落ち着かせましょう。たとえば、ご飯を食べるときに、遊んでいたおもちゃを持ってきてしまい、食べることに集中できないとき。こういうときは、おもちゃを一旦預かります。

　マイナス行動はやりすごします。壊したり、暴力をふるったりするような場合は、前もって示しておいた規範に従って一貫した対応をします。たとえば、おもちゃを預かられたのを怒ってスプーンを投げた場合は、スプーンを投げたことはやりすごして「ごはんを食べたら、遊びましょう」と肯定的に伝えます。それでも落ち着かない時は、前もって決めておいた「タイムアウト」をとるために、イスを食卓と反対に向けて1分待つ、などを行います。落ち着いたら、「お腹すいたね。食べたら、遊ぼうね」と声がけをしてください。

マイナス行動は、良い行動に修正する良い機会ですので、一旦やりすごし、良い行動が出たら素早くほめてください。良い行動ができたらシールや○付けなどで示して、それを増やしていくと、「社会にはルールがあるのだ」ということが理解できるようになっていきます。

4 3歳〜：関連付ける力が育つ

「関連付ける」とは、三者関係（「自分」と「相手」以外の「もの」の関係）や仲間分けが理解できるようになるということです。3歳は「聞いて理解する言葉」が増えてくるので、「いろいろな事実を知る」ことに興味が出てきます。見たもの、体験したことなど、出来事の名前を覚えることにも興味が出る時期です。また、「なぜそうなるのだろう？」といろいろ試してしくみを考え始めますが、言葉と行動がちぐはぐになりがちな時期でもあります。

対人関係では、1人遊びや、大人との一対一の関わりを求める段階ですので、一緒に活動して、納得いくまで疑問を検証してみる時間を作ってみましょう。子どもに達成感を味わわせるのが大切です。

さらに、感情を調節する力が育ってくる時期です。気持ちが変えられた体験をしたときに、「お歌を歌ったら悲しい気持ちが減った」「お友達をたたいたら、嫌な気持ちになった」というように、自分がやった行動と気持ちを関連付けていきます。プラスの行動をすることで気持ちが変えられる体験をしていくと、大人に甘えにくることが減り、自分で気持ちを調節できるようになっていきます。

言葉は、3語以上に増えて、次第に文を作れるようになります。出来事と言葉を関連付けたり、見たものを言葉に関連付けたりして、多面的に出来事を捉える力である「メタ認知力」が発達していきます。中には言葉が苦手な子どももいますから、自発性を育てるには言葉以

外の表現方法（表情、動作、絵など）も育てることが大切です。

　じっと見つめて考える、物を動かしながら考える、動作をしながら考えるなど、思考する脳が育っていく時期なので、物を壊したり、投げたり落としたりと、一見暴力的な行動をしていても、しくみを試しているということもあります。安全に試行錯誤をさせながら「不思議だな」「どうなっているの」「なぜだろう」を増やしてあげてください。

　身体は、力加減ができるようになってきます。ボール遊びや技巧性が必要な折り紙、ブロック、切り絵などを試してみましょう。3歳は、自由に楽しむことが大切なので、正確さや見た目のきれいさではなく、いろいろ試す楽しさや発見の喜びを味わわせてあげてください。

マイナスの行動が出た場合の対応

　自我が芽生えてくるので「嫌」「こっちがいい」と自己主張して譲らないこともあると思います。そういうときは、まず理由を聞いてから、「見通し」や「比較」を提案してみましょう。「見通し」や「比較」ができるようになると、一つの行動を終えた後、次の行動に移りやすくなったり、親が提案する行動の方が「面白そう」「正しそう」などと理解して、行動の修正ができるようになります。

　また、いろいろ試したくなるので、誤った行動や失敗もたくさんあります。そういうときは、これまでと同様に「こうしたいんだね」と欲求を言葉にしてからお手本を見せて、正しく表現する方法を行動で教えていきます。ほめることで同じ行動への動機づけが増します。

　また、しつこく「何で？」「どうして？」と聞いてくることもあります。一度説明してもまた聞いてきます。説明を聞くのが楽しかったり、説明を忘れてしまったり、理由はいろいろです。同じ質問でも、聞きたい内容が違うときもあるので、根気よくつき合って、じっくり内省する力をつけさせていきましょう。

5 4歳〜：パターン化する力が育つ（ルールの理解）

　4歳は、見たこと、聞いたこと、体験したことを記憶する力が増えます。「パターン化」をして理解したがるので「やり方」や「ルール」に注意が向くようになります。また、対人関係では「人と同じ行動をする」ことができるようになり、ゆるい集団ができ始めます。一方で、まだ自分のやり方が確立されていないので、集団との同化と個性の調節がうまくいかない段階です。指導者やグループリーダーの影響を受けやすい時期なので、集団の時間と、個人でじっくり活動する時間の両方を作ってみましょう。

　感情は、快と不快の中間、つまり「どっちでもない」「あいまい」な気持ちが出てきます。たとえば、幼稚園の入り口でお母さんにしがみついている子どもに「幼稚園に行くの？　行かないの？　どっち？」と言っているような場面です。親ははっきりさせたいのですが、子どもは「わかんない」「どっちもやだ」と答えます。これは、3歳で行動と気持ちがつながってきたため「行くのは楽しいけど、お母さんと別れるのは寂しい」という2つの感情が葛藤しているからなのです。

　こんなとき子どもは、どっちにするかを決めるために、「真ん中」でいったんとどまって、選んでいます。「真ん中でとどまる」ことができると、自分の気持ちをちょっと置いておけるようになるので、人の気持ちを冷静に見る（まだ感じていません）ことができるようになります。3歳で学んだ「プラスの行動で、気持ちを変える」働きかけを相手にもできるようになります。

　言葉は主語、述語、修飾語を組み合わせた文が作れるようになります。様々なパターンの文を見たり聞いたりして覚えていくことでしょう。身体は、順番や力加減など、動かし方がわかってくるので、正確

な動きができるようになります。はさみで線の通りに切る、大きさを変えて細かく刻む、ダンスやスポーツ、楽器など、一連の細かい動きができるようになるので、いろいろ楽しみながら体験させてみましょう。

マイナスの行動が出た場合の対応

　周囲に同化できるようになるので、言葉遣いが荒っぽくなったり、集団で「そうだそうだ〜」と同調することも出てきます。そういうときは、「誰が、やりたいの？」「何を言いたいの？」と自分自身に戻してあげてください。「○○ちゃんがやろうって言った」と人のせいにもしがちなので「誘ったのは、○○ちゃん」「ぶったのは、誰かな？」と自分の行動に戻して責任を学ぶことを促します。

　周囲に同化する力が育つので、3歳までの自由な創作が、パターン化してみんなと同じになることもあります。過渡期なので見守りましょう。基礎力をつけているときなので、じっくりと集中できる環境を作ったり、日常生活の計画を立てたりして、子どもが自主的に活動を切り替えられるように支援してください。こだわりが強くなってきたら、「何をしたいのか」「どのくらいしたいのか」本人と話し合って、切り替えができるように支援しましょう。

6 5歳〜：組み合わせる力が育つ（思考力の発達）

　5歳は、自主性が育っていくので、「自分らしさ」を表現したがるようになります。選ぶものにこだわりが出始め、やり方も工夫するようになります。基礎力があり、様々なパターンを学習するのが好きな子どもは、それを組み合わせて自分らしさを表現しますが、「発想力」に優れた子どもは、ルールとは関係なくイメージや活動を膨らませたりします。

　また、言葉も増え、論理性も身につくので、友達や大人と意見がぶつかることも出てきます。自己表現と他者理解の力をつけ、グループ活動を楽しんでいける時期なので、「人と違うこと」にも自信が持て

るように声がけをしていきましょう。

　感情はほぼ出そろうので、情緒面でも幅が育つ時期です。悔しいのか恥ずかしいのか、不安なのか怖いのか、楽しいのか嬉しいのかなど、絵本や映画などを教材にして、人の感情がどのように生じるのか、変化するのかを一連の流れで理解します。また、同じ刺激でも人によって気持ちが異なることも学んでいきます。

　言葉は、いろいろな組み合わせができるようになり、行動の理由を説明したり、気持ちに抑揚をつけて伝えたり、一気におしゃべりになったりします。様々な見方や表現力を育てましょう。

　身体は、複雑な動きを同時にできるようになります。縄跳び、ボール遊び、楽器の演奏、工作など技巧性が育ちます。基本を教えた後は、いろいろ試して本人なりの納得のいく方法を一緒に見つけてみましょう。大切なのは、何をしたいかのゴールや目標を自分で決めて、それを達成するために何が必要かを考えて材料を集めたり、やり方を工夫したりして、「できた」という達成感を味わう経験をすることです。

マイナスの行動が出た場合の対応

　意見が違ってくるので友達同士や兄弟でけんかをすることも増えます。間に入って1人ずつ話をしてもらい、他者理解を促しましょう。

　発達に差が出たり、趣味が分かれたりするので、「仲間外れ」を作ってしまうこともあります。仲間に入りたい子どもなら、みんなと同じことをする支援をしてみます。1人が好きな子どもなら、1人の時間と、集団の中にいて集団を見ている時間を組み合わせてみましょう。「あの子は入れてあげない」と集団から排除しようとする場合は、理由を聞いて調節できるところをお互いに話し合って解決する支援をします。この時期は、一つが嫌だと全部嫌と感じる場合があるため、まずは問題の所在を明確にして、解決の糸口を探っていきます。また、違うから面白いという多様性を受け入れられる支援もしましょう。

愛着の発達と親の関わり方

コミュニケーションがすれ違う親子は、お互いに「見えている部分」の行動や言葉に注目してしまい、その背景にある気持ちや欲求を見落としています。また、第1章（P24〜28）で説明したように、親が、子どもがキレる引き金を引いていることもあります。

お互いに伝えたいことはあるし、わかり合いたいと思っているのに、なぜ、コミュニケーションがすれ違ってしまうのでしょうか。ここでは、そのヒントになる親子の愛着の表現タイプに注目し、コミュニケーションのズレを修正する方法を解説します。

1 愛着の理解

愛着とは、生後2年くらいで獲得する、自分の周囲のものへの親密感、自分をケアしてくれる大人のそばにいたい、Attach（くっつく）していたいという感情のことです（Bowlby,1969）。子どもの側からは、甘えや興味として働くことが多く、大人の側からは、保護、いとおしさなどを子どもに感じます。

生まれたての赤ちゃんは自分で動くことができないので、「生きるため」に様々な発信をしていきます。その発信に応えてもらえなかったり、安心できる対象から引き離されたりすると不安を強めたり、他者を信頼することに絶望したりしがちです。したがって、子どもにとって乳幼児期の「愛着」の発達が、人として生きていくためにとても大切なのです。

2 愛着の発達

愛着の表現は、①定位 ②発信 ③接近 ④修正の順で発達します。

①定位段階

興味のあるものや人をじっと見ます。一つのものをじっくり見ることで形や色、動き方などの特徴を認識します。同時に匂いや音なども関連付けて理解するようになります。楽しい気持ちがするものや音、安心するものなどに対してはじっと定位し

図1 「定位」

ますが、不快なものや不安になるものは避けるようにもなります。

②発信段階

興味のあるものや人に、言葉や動作などのサインを送って知らせます。サインは明確にわかるものもあれば、あいまいだったり、代用だったりすることもあります。

たとえば「おはよう」「パパ・ママ」「お腹すいた」「痛いよ」「いらない」などの言葉がそれにあたります。

図2 「発信」

また、親が過保護・過干渉になると、子どもは発信する必要がないので自主性や自律性が育たなくなります。そのため発信段階では、親は子どもの発信を待ち、発信したらすぐに反応しましょう。子どもは

親の出方をじっと見ています。大切なのは、気持ちと行動を一致させた応答をすることです。子どもは見た目だけではなく、親の雰囲気からも気持ちを感じ取ります。本当は面倒なのにニコニコしていたら、ぎこちなさが伝わり、不機嫌だと感じ取ってしまうのです。親も、無理して子どもに合わせているので、子どもの反応が期待と異なると「あなたのために、我慢しているのに」といら立ちをぶつけやすくなります。自然体でいられることが、この時期に「安心感」「信頼感」を築くために大切です。

　愛着の発達が「発信」でつまずいている場合、「依存的」な子どもになります。親は、過保護、過干渉になりがちなので、後述（P46）の対応の仕方を参照してください。

③接近段階

　興味のあるものや人に近づく行動をします。そばに行く、手に取ってみる、見せに行く、話しに行くなどです。このときに適度な距離の取り方を教えてください。自己中心的な発達段階の子どもは、自分が接近したいときに一方的に話しかけて応答を求めます。相手との物理的、心理的な距離感がつかめないと、接近しすぎたり、相手の状況を見ずに話しかけたりしてしまいます。

　また、自分の話をよく聞いてくれたり、やりたいことに従ってくれたりする人とだけ関わろうとするので、年上や年下との関係は築けても、同世代の仲間作りが苦手になります。適度な距離感は、体験だけではなく「なぜ、その距離がよいか」の理屈があると、子どもにも理解しやすくなります。たとえば、初めて会った人との距離、クラスのお友達との距離、親友との距離、家族との距離など、具体的な例で教えていきましょう。

④修正段階

　興味のあるもの・人への接近がうまくいかないときに、対象ややり方を変えることを学びます。修正するためには、その場に留まるストレス耐性が必要です。ストレス耐性が低いと、逃げたり、欲しいものを手に入れるために相手を攻撃してしまったりするので、子どもが困っている場合は修正する方法を教えてあげましょう。

　相手と関係をつないでいたい場合は「ごめんなさい」と頭を下げてから「なんて言えばいい？」「いつならいい？」など、相手の意思を聞いたり「こういうことが言いたかったんだ」と自分の言い方を改めて説明し直したりします。

　図3は、接近から修正への流れを説明しています。子どもは、ティッシュ箱に興味を持って引っ張り出して遊ぼうと思って近づきます。しかし遊ぶおもちゃではないことを伝えたいので、親は子どもがさわれないようにします。子どもは、愛着対象がなくなって驚きますが、修正できる力が育ってくると、別の愛着対象を見つけてそれで遊ぶことができるようになります。修正できたところでほめてもらえると、その行動が正しかったのだと子どもがわかるようになります。

図3　接近と修正（本田、2020）

３歳ぐらいから試行錯誤が始まるので、子どもたちは様々なトラブルを起こします。経験を通してたくさんのやり方を学ぶと、４歳では一般化していくことができるようになります。５歳になると、状況判断力も育つので、相手によってやり方を変えることもできるようになります。

　就学前までに「愛着」が育っていると集団活動がスムーズにできるので、幼児期にたくさんの経験をさせ、失敗を修正する力をつけさせてあげてください。そうすると、安定した愛着関係（図４）が築けるようになります。

　図４からP51の図８は、親子のコミュニケーションパターンを矢印の方向と長さで示したものです。矢印が短いと発信や接近の力が小さく、長いと大きいことを示しています。望ましいのは、図４のような、「話し合いの場」で、お互いの主張を尊重し合える親子です。「話し合いの場」が親子の中間にあり、お互いがそこまで出てきて対等な関係で話し合いができている状態です。

図４　安定した愛着関係

> 安定した愛着関係を築くためのコミュニケーションの方法

❶気持ちは受容する

　例：「そうなんだ」「〜という気持ちなんだね」

❷言い分はニュートラルに（否定せずに）聞く

　例：「こういうことがしたいのね」

❸何をしてほしいかを尋ねる（してほしくないことも聞く）

　例：「お母さん・お父さんには、何をしてほしいのかな？」

　　「自分では、どこまでできそう？」

❹対応できないときは、対応できる時間を伝えておく

❺気になることがあったら、聞いておく

❻話し合いの場で待つことができたら、「ありがとう」と伝える

親の愛着の表現タイプ別
コミュニケーション方法

　子どもの愛着の発達には、親の愛着タイプが影響します。安定した関係にするために、それぞれのコミュニケーション方法を説明します。

1 お世話大好き・過干渉タイプ

　図5は、親がお世話しすぎるパターンのコミュニケーションです。このパターンでは子どもからの発信が少なく、ほとんど親が話しかけたり指示したりしています。

　乳幼児期に、親が子どもの世話をするのは自然ですが、ある

程度成長した後も、理想の子どもに育てようとして細かく指示を出したり、子どもができることなのに、親が先回りして段取りをつけてしまったりする場合があります。子どもが親の指示に従っている間はトラブルは少ないのですが、依存的で受け身な子どもになってしまうため、思春期に「自立」や「自主性」が育ちにくくなります。子どもの自発性を育てるためには、次ページのようにしてみましょう。

図5　親がお世話しすぎるパターン

子どもの自発性を促すコミュニケーションの方法

❶現状を言葉にする

　子どもの行動をよく見て、それを言葉にします。

　例：「○○さんは、今、こういうことをしているね」

❷能動的な聞き方で、欲求を明確にする

　例：「こういう気持ちかな」「こういうことがしたいのかな」

❸実践する具体的なスキルを教えたり、一緒に考えたりする

　例：「それをしたいなら、どうしたらいいか、一緒に考えよう」

　親がその行動をお手本として示すと子どもも動きやすくなります。

２ 自由気ままタイプ

　子育てよりも、自分の欲求や時間を大切にしたい親御さんの場合は、子どもの情緒的な発信には気づかないことが多く、自分が子どもと関わりたいときに突然ギューッと身体接触をしたり、逆に不機嫌なときは子どもに当たったり、不安なときは子どもに世話を求めたりします。

　子どもは、親の機嫌を損ねないように常に気を使っているので、一見すると関係は安定しています。しかし、子どもの心の中はいつも混乱状態です。そのため、親が「子どものために」と服を買ってきたり

「喜ぶだろう」と遊びに行ったのに子どもの反応が期待外れな場合には、「あなたのためにやっているのに、その態度は何よ」といら立ってしまうことがあります。

　自分も子どもも独立した存在として関係を築きたいときは、自分の欲求と子どもの欲求を分けて、相互に尊重し合えるようにしましょう。

お互いのやりたいことを尊重し合うためのコミュニケーションの方法

❶自分がやりたいことを「私メッセージ」で伝える

　　例：「お母さん・お父さんは、〜がしたい」「〜を大切に思っている」「その理由は、〜ということだから」

❷相手の意見を聞く

　　例：「○○さんの、気持ちや意見を聞きたいです」

❸話し合いをして、お互いの優先順位を理解し合う

❹スケジュールを見える形にしておく

3-1　子ども苦手タイプ（子どもの行動に振り回される）

　子どもの反応に振り回されてしまい、子育ては苦手だと感じている親御さんもいます。このタイプは、子どもが親の注目を集めようとマイナス行動をしたり（図6）、突然接近して親のテリトリーに入っ

てきたりするので、自分の気持ちが落ち着きません。放任していると子どもは好き勝手なことを続けるし、やめさせようと追いかけると、

相手にしてもらえると感じた子どもの行動が激しくなることもあります。下記のような対応を心がけましょう。

　それでもマイナス行動が収まらない場合は、環境を調整して刺激を減らします。マイナス行動は子どもの「見てほしい」「甘えたい」という欲求の表現なので、行動よりももとになる欲求に注目し、適切な表現方法を教えていきましょう。

図6　子どものマイナス行動に親が振り回されるタイプ

子どもに振り回されないコミュニケーションの方法

❶行動を言葉にする

　例：「～ということをしているね」

❷気持ちや欲求を言葉にする

　例：「～ということがしたいのかな？」「～な気持ちなのかな？」

❸相手の興味が出そうなことを伝えて逃げるのをストップする

❹話し合いに応じたら、欲求を適切に実現する方法を話し合う

❺問題行動が続く場合は、限界設定をする

　例：「お母さんは、～という気持ちです」（まず、気持ちを伝えます）「これ以上、その行動をすると～しないといけなくなります」

❻子どもが落ち着くのを待つ

❼少しでも良い行動ができたらほめる

　例：「できたね」「ありがとう」

子ども苦手タイプ
（子どもが甘えて接近してくる）

子どもの相手はしたいけれど、家事や仕事でてんやわんや。子どもは親の状況はわからないので、「遊ぼう」「本読んで」と甘えてきます。この場合、親は子どもの欲求に従うか、防衛的・拒否的になり

がちです。たとえ従っていても「早く終わらせて、自分の仕事に戻りたい」という思いがあるので、心ここにあらずなのがすぐに子どもに伝わってしまいます。すると子どもは不安になっていつまでも解放してくれません。また、拒絶してしまうと、子どもが荒れたり落ち込ん

図7　子どもが接近タイプで突然甘えてくる場合

絡んでくる子どもを上手に断るためのコミュニケーションの方法

❶**相手の欲求を聞く（受け入れるのではない）**

　　例：「こういうことが言いたいのね、したいのね」

❷**自分の状態を説明する**

　　例：「今、お母さん・お父さんは、こういう状態です」

❸**相手の欲求を適切に実現する方法を伝える**

　　例：「あと〇分待ってくれたら、それに応えられます」

❹**相手が交渉にのってきたら、話し合いをする**

❺**話し合って決めたスケジュールを書いて貼っておく**

　　子どもも安心しやすくなります。

だりするので、結局はそのケアをしなくてはならなくなります。

　また、接近タイプの子どもは、兄弟姉妹がいると、親やおもちゃなどの取り合いになりがちです（図8）。子どもが親に自分だけを見てもらいたい、親を独占したいという「執着」状態で①、兄弟姉妹が親に近づくと②、子どもは、兄弟姉妹を親から離そうとして攻撃を始めます③。このような場合は、見通しを立てて、話し合いの場で待つことや、別の愛着対象に修正する方法などを教えていきましょう。第3章「お兄ちゃんはつらいよ」も参照してください（P81）。

図8　子どもが親や愛着対象を独占したがる場合

子どもが親を取り合っている場面でのコミュニケーションの方法

❶**子どもの間に入り、「安全地帯」（いつでも安心できる場所）を作る**
　間に入った親の存在が、子どもにとっての安全地帯になります。
❷**両方の「言い分」を聞き、「話し合い」の場を作る**
　一緒に話すのが難しいときは、1人ずつ別の部屋で話を聞きましょう。
❸**対立解消の話し合いをする**
❹**両方が「なっとくする」ルールを作っていく**

4　子どもに頼ってしまうタイプ

　子育てに自信がなく、周囲の意見に翻弄されがちな場合、子どもに愚痴を言ったり、判断を子どもに任せようとしたりしがちです。子ど

もは、親が安定するように自
分が親代わりをするようにな
ってしまいます。しっかり者
のよい子に育つのですが、友
達と対等な関係が作りにくく
なったり、自分が人に甘えら
れなくなったりします。特に、
手がかかる兄弟姉妹がいる場合、自分は我慢したり、親を手伝うのが
当たり前になったりしがちです。このタイプの子どもは思春期になっ
て「よいこの息切れ」（「これ以上、人の世話はできません」ということ
を示すために、不登校になったり体調不良を起こしたりする）になること
があるので、自分が子どもに頼っているなと思う場合は、以下のよう
にしてみてください。

周囲の意見に翻弄されそうな場面でのコミュニケーションの方法

**❶周りからいろいろ言われることに対して「何を気にしているの
だろうか」と整理をしてみる**

❷自分の欲求を明確にする
「誰に対して」「どういう欲求があるのか」を書き出してみると、
自分が家族に対して抱えている思いや期待がわかりやすくなり
ます。

❸自分の家族に当てはまるかを考える
子育ての一般論や、他者の意見は自分の家族に適切かを検討し
てみましょう。

❹自分ができることを選ぶ
子育てにはいろいろな方法があります。自分の家族に合う方法
の中で、自分のキャパシティに合うものや楽しんでできるもの
を選んでください。

キレた子どもへの対処法

子どもの気持ちを受け止める コミュニケーション

　子どもが成長するにつれ、誤解したりタイミングが合わなかったりして親子のコミュニケーションがうまくいかなくなることが増えていきます。親離れ、子離れしてそれぞれが独立していく過渡期なので、思っていることを素直に言葉にできません。ここでは「理解し合う」「話し合う」を支援するコミュニケーションの方法について紹介します。

子どもの攻撃的な言動の受け止め方

①欲求を適切な方法に変容させる場合

　アンガー状態の子どもは興奮状態なので、言葉と気持ちや行動がつながりにくくなっています。そのため親に必要なのは、子どもの感情を受け止めて落ち着いた状態を素早く作ることです。

　以下のステップで受け止めてみましょう。

図1　子どもの欲求を適切な方法に変える受け止め方

（子どもが攻撃的な言動や主張をします）

↓

| ステップ1 | どのような感情もキャッチします |

　技法：うなずきながら気持ちを受け止めます

　　　　「そうなんだ」「そんなふうに思うんだね」など

| ステップ2 | 相手の欲求を言葉にします |

　技法：「～ということがしたいのかな」

↓

（子どもが「そうだ」と言い、要求を繰り返します）

↓

| ステップ3 | 適切な実現方法を伝えます |

　技法：方法をいくつか提案し、相手の出方を待ちます

　　　　「それをしたいなら、～というやり方か、～というやり方

　　　　があります」

↓

《子どもが話に乗ってきた場合》

| ステップ4 | 話に応じてくれたお礼を伝えます |

　技法：「ありがとう。じゃあ、これからお話ししましょう」

《子どもがまだ興奮している場合》

| ステップ5 | 気持ちを受け止めて、落ち着くのを待ちます |

　技法：「どうしたらよいか、まだわからない感じかな」

　　　　「じゃあ、○分後にもう一度お話ししましょう」

②行動が受け入れられない場合（断る場合）

　自分が仕事中だったり、子どもの欲求が想定外だったり、受け入れられないこともあります。その場合は、以下のようにしてみましょう。

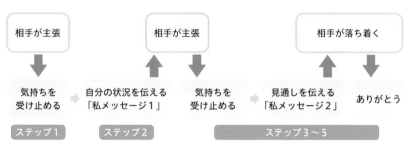

図2　子どもを怒らせずに子どもの欲求を断る方法

（子どもが攻撃的な言動や主張をします）

　　　　↓

ステップ1　どのような感情もキャッチします
　　　　　　　無視したり、反撃したりはしません

　　技法1：**うなずきながら気持ちを受け止めます**

　　　　　　「そうなんだ」「そんなふうに思うんだね」など

　　技法2：**子どもの言葉を繰り返したり、子どもがしていることを言葉にしたりします**

　　　　　　「今、〜って言ったね」「今、〜ということをしているね」

ステップ2　「私メッセージ」で自分自身の状況を伝えます

　　技法：**私メッセージ1　（自分の状況を説明します）**

　　　　　　「私は、今、〜ということをしています」

　　　　↓

（子どもが繰り返し批判、拒絶、反抗などをします）

↓

ステップ3 気持ちを受け止め、見通しを伝えます

技法1：**子どもを見て、穏やかに気持ちを言葉にします**

「○○さんは、〜という気持ちなのかな」

技法2：**私メッセージ2（自分の気持ちとそうなった背景を伝えます）**

「私は、〜という気持ちです」

「なぜなら、〜ということが起こったからです」

技法3：**見通しを伝えます**

「○○さんのやりたいことは、○時に話し合えます」

↓

《子どもが落ち着いた場合》

ステップ4 お礼を伝えます

技法：**「ありがとう」**

《やり取りを2回繰り返しても子どもが落ち着かない場合》

ステップ5 いったん話をやめて離れます

技法：**「○分後にもう一度話しましょう」**

話を続けていると、相手をしてもらえるという認識を与

えてしまうので子どもも引けなくなってしまいます。

P71〜の具体的な事例も参考にしてみてください。

キレにくくする話の進め方

1 基本の条件

「話し合い」をするためには、以下の条件が必要です。これは親子間だけでなく、様々な話し合いで共通です。

❶話し合う人たち双方が、問題を解決したいと思っている

　片方だけ（親だけ、子どもだけ）のときは、相手が話し合いの必要性を感じるための準備（相手も問題を感じて、解決したいと思うような話し合い）をしてください。

❷話し合いのルールを理解して、従うことができる

　落ち着いた状況にある、話し合う時間がある、間に入っている人（家族や兄弟など）がストップをかけたら話や行動を止めることができる、などが必要です。

❸話し合うスキル（言語化、図、絵などによる表現力）がある

　話し合う内容を記憶していたり、お互いが自分の気持ちや考えを表現できるスキルを持っている必要があります。筆談、図、絵なども活用できます。

2 「話し合い」をしたいのに、相手が拒否する場合

　話し合いが必要であるにもかかわらず、相手がそれを拒否するときには、親子の間でも話し合いは困難です。相手に、自分が話し合いをしたいという気持ちを伝えたり、申し入れをした上で、第三者や専門家に仲介を依頼しましょう。命の危険や自傷、長い引きこもりなど、相手が

拒否しても介入が必要なときもあります。判断は、専門家に依頼します。

　また、一方的な「クレーム」「批判」「暴力」や、相手が自分の主張だけを通そうとする場合、また、関係がこじれてしまっている場合も話し合いは難しいので、専門家に協力を求めるなど、別の解決方法を探してください。

③ 「対立解消」のルールを理解する

　親子コミュニケーションの仕上げは、「対立解消」です。「対立解消」では、「未来志向」で解決策を考えていきます。なぜそうなったかを理解したり伝えたりするのは「他者理解」や「自己表現」なので、話し合いが過去や原因論に向かわないように、「対立解消」のルールを確認してから話し合いを始めてください。以下がそのルールです。

対立解消のルール

❶１人ずつ話す
❷相手が話したことを否定しない
❸相手が話しているときに言いたいことが出たら、メモをしておく
❹本当の気持ちを伝える
❺未来志向で解決策を提案する

　アンガーマネージメントで学んだすべてのスキルを活用する場面なので、やり方を理解した後、子どもと対立解消をしたい場面を想定して具体的なセリフを作って練習をしてみましょう。

　ロールプレイをしてみると、シナリオ通りには進まず、話が逸れたり相手が黙り込んだりするので、よい練習になります。いくつかの進め方を想定してから家庭で実践をしたり、専門家を交えて家族の面接場面を作ったりして、実際に問題解決をしてみてください。

4 対立を解消するコミュニケーションの手順

ステップ1 子どもが落ち着いて話せるように準備をします

❶親が落ち着く

興奮しているときは、感情的になりがちです。親が落ち着きましょう。ストレスマネージメント（P142〜144）を活用してください。

❷聞く姿勢があることを示す

今やっていることの手を止めて、相手を見ます。座る、近くに行くなどして、目線の高さはそろえましょう。上からだと、どうしても高圧的に見えます。

❸話し合うときの親子の方向を意識する

正面には向き合わずに、同じ方向を見るか、90度になるようにしましょう。

図3　子どもと話し合いをするときの位置関係

ステップ2 子どもの欲求を明確にします

❶傾聴する

子どもが落ち着くように、気持ちを受け止めましょう。P54〜57の気持ちの受け止め方と同様です。

❷明確化する

子どもが本当にやりたいこと（欲求）や、困っている気持ちを明確にする手伝いをしましょう。このとき、「方法としての欲求」と「本当の欲求」を分けていきます。

方法としての欲求は、「ゲームがしたい」「宿題をしたくない」などの行動ですが、本当の欲求は「リラックスしたい」という安心欲求や「友達と一緒にいたい」という所属欲求だということがあります。

方法としての欲求だけを解決しようとすると、対立解消はうまくいきません。本当の欲求を明確にするためには、子どもがやりたいと言っている方法としての欲求をじっくり聞いてみてください。たとえば、「それをやったらどんな気持ちになるのか」「できないとどうなるのか」などです。そこから本当の気持ちや欲求が見えてきます。

ステップ3 親側の欲求や気持ちを明確に伝えます

❶「私メッセージ」を使う

意見が異なることを子どもに伝えるために「私は、〜したいです」とはっきり伝えます。そのためには、親も話し合いをする前に「本当の欲求」を明確にしておくことが大切です。

たとえば「子どもが勉強をしないので不安」という場合。方法としての欲求は「子どもが自主的に勉強する」なのですが、本当の欲求は「静かに過ごしたいから、うるさく言いたくない」という安心欲求だ

ったり、「ちゃんと子育てをしている親でいたい」という承認欲求だったりします。

❷理由を具体的に伝える

欲求だけを伝えても子どもは「関係ない」「自分でやれば」になってしまうので、親がなぜそうしたいかの理由を伝えましょう。お互いに何を解決すればよいのかの方向性を共有するためです。

たとえば、「今日は、〜という予定になっているからです」や「ギリギリになってから手伝ってと言われると、私も予定が立たなくて困るんだ」などです。

ステップ4	解決策をお互いに提案し合います

❶急ぎのときは解決策を2つほど提案して、子どもに選んでもらう

解決策はお互いが納得し、すぐに行動に移せるものである必要があるので、何をするかは子ども自身に選んでもらうことが大切です。

❷時間があるときは、ブレインストーミングを使って、お互いに解決策を出し合う

ブレインストーミングの進め方

❶解決策をできるだけたくさんリストアップする

付箋やホワイトボードなど目に見える形にして整理しましょう。

❷アイデアを出しているときは、否定や批判はしない

❸アイデアが出つくしたら、一つずつメリットとデメリットを検討する

❹似ているものを分類していく

❺できそうなものをいくつか選ぶ

❻具体的な方法を考えて、試してみる期間を決める

❼評価を行う

うまくいっていれば続け、うまくいっていないときは修正方法を考えます。

5 対立解消のための会話例

　では、実際に対立解消の会話をどのように進めていくのかを紹介します。子どもの気持ちを受け止め、欲求を明確にした上で親の欲求を子どもが受け入れやすいように伝えていくので、時間がかかることを理解してください。焦って、表面上の問題だけ解決しようとすると、コミュニケーションが途切れてしまいます。

状況

　親が仕事から帰ってきたら、子どもが約束した宿題をせずにテレビを見ていた場面です。まず、自分の気持ちと欲求を明確にしてから、子どもと向き合いましょう。

①親の気持ちと欲求

　このとき、親の気持ちは「また？」と裏切られた気持ちで、残念、寂しい、情けないなどがあります。方法としての欲求は「すぐに宿題をやってほしい」という所属欲求（約束を守ってもらいたい）や「イライラしたくない」という苦痛回避です。

　では、本当の欲求は何でしょうか？　仕事で疲れているので「家では気持ち良く過ごしたい」という安心欲求（ほっとしたい）や「子どもを信頼したい」という所属欲求、「子どもにも、親の気持ちをわかってほしい」という承認欲求などが考えられます。では、実際の会話で解説していきます。

②会話例

親：「ただいま」

子：（気まずそうにして、だまってテレビを見続けている）

荷物を片づけに行き、子どもがどうするか、考える時間を与えましょう。

子：（ちらっと、親の方を見たが、まだテレビを見ている）

自分の片づけが終わったらリビングに戻り、テレビを見ている子どもから少し離れたところに並んで座ってテレビを見てみます。子どもが拒絶しなかったら、仲間入り成功です。次のステップに進みます。

親：「少し話したいんだ。これ、あと何分で終わりそう？」

子：「…………」

親：「何を言われるか、心配になっちゃったかな？　ごめんね」（気持ちを受け止めます）「お母さんは、Aさんと宿題はいつやるのかについて、お話ししたいです」（「私メッセージ」ではっきりと自分の欲求を伝えます）

子：「これ終わったらやる」

親：「わかった。ありがとう」

とりあえず、子どもが応答したので待ちます。しかし、一つ終わってもまた次を見始めました。

親：「Aさん。次の見てるね」（子どもがやっている行動をそのまま伝えます）

子：「これ終わったらやる」

ステップ3 親側の欲求を伝えます

❶ 私メッセージを使う

　まず、子どもに対して、90度に座ります。「お母さんは、残念だな」と気持ちを伝えることから始めます。そして、少し間をあけて子どもの反応を待ちます。たいてい子どもは、固まります。そこで、自分の気持ちを「私メッセージ」で伝えましょう。

親：「さっき一つ終わったらやるって言ったから、待ってたんだよ。お母さんは、Aさんを信頼したいです」（事実と欲求を明確に伝えます。ここで、相手を責めないようにしましょう）

子：「えー……だって、勉強嫌い」（子どもが語りだしました）

親：「うーん。それは、わかってるよ」（気持ちを受け止めます）

子：「わかってんだったら、うるさくやらせないでよ！」「どうせ勉強なんて意味ないじゃない！」

親：「そうか。勉強をやる意味がわからないのかな？」（子どもの欲求の明確化を始めます）

子：「どうせやったってわかんないし、イライラするし……できないし」（子どもが気持ちを表現し始めました）

親：「そっか、困ったね。イライラするのは、しんどいよね」（気持ちを受け止めます）「勉強するとイライラしちゃうのが嫌なのかな」（何に困っているのかを明確化していきます）

子：「だいたい、勝手に決めたんじゃない。嫌だって言ったって結局そっちが決めちゃうでしょ」（子どもは最初は他罰をします）

親：「そうか。そんなふうに思ってたんだね。宿題のことを勝手に決めたように見えてたんだ。それは、残念だな」（子どもの気

持ちを受け止めた上で、私メッセージで、自分の気持ちを伝えましょう）

子：「勝手じゃないって言うなら、好きにやらせてよ」

気持ちを受け止めてもらえたら、子どもは１人で安心したがるかもしれません。話し合いをしたいので、ここから切り返していきます。

❷理由を明確に伝える

親がなぜ話し合いをしたいのか、その理由を明確に伝えて、そろそろ解決策に向けての話し合いに移ります。

親：「お母さんも、家では気持ちよく過ごしたいから、話し合いをしましょう」「Ａさんは今、小学生だから、中学までは、勉強をしなくちゃいけないのは、決まっていることなんだ」（ちょっと厳しいですが、限界設定をして子どもにも向き合ってもらいます）

子：「そうやって、また、一方的に決めるんじゃない」

親：「そう思っちゃうんだね」（まず、気持ちを受け止めます）「勉強をしないといけないことは、法律だから変えられません。親としては、子どもに義務教育を受けさせる責任があります」（気持ちを受け入れた上で、話し合いたいことを提示します）

子：「うるさい。うるさい。うるさい〜！」（子どもは問題に直面すると感情的になることで相手をたじろがせて、苦痛から逃れようとします）

感情的になったら、しばらく落ち着くのを待ちます。

親：「ここからが大事なことなので、落ち着いて聞いてほしいな」（親が「話し合いの場」に留まっていることが大切です）

子：「なに？」

親：「変えられないことと、変えられることがあるよね」「義務教育

は変えられないけど、Ａさんが今の勉強のやり方だと苦しいことは、わかってるのよ。だから、変えられることを一緒に話し合いをしたいんだ」

ステップ4 解決策を提案し合いましょう

　ここから、解決策に入ります。解決策では、ブレインストーミング（P62）を使いましょう。

親：「お母さんは、親の役割を果たしたい。だから、一緒にＡさんに合う勉強の方法を見つけたい」（自分の本当の欲求を伝えます）

次に相手の欲求も提示して、合っているかを聞いてみます。

親：「Ａさんは、楽しく勉強がしたいと思っていますか？」

子：「学校の勉強ってさー、先生が喋ってばっかで、ノートに書かないといけないじゃない？　めんどい。だからやだ。やらない」

親：「そういうのが面倒なんだね」（まずは気持ちを受け止めます）「Ａさんは楽しく勉強がしたいですか？」（もう一度欲求を明確にします）

子：「めんどくないなら、いい」

親：「じゃあ、Ａさんの希望に近づくようにアイデアを出し合ってみよう」「アイデアを出し合っているときは、批判しないようにしようね。できるかできないかは関係なく、まずは、できるだけいろいろなアイデアを挙げてみよう。それをブレインストーミングというんだ」

付箋やホワイトボードを用意して、アイデアを出し合います。

❶アイデアをリストアップする

- クイズやゲーム感覚の教材を探す
- 家庭教師をつける
- 鉛筆を使わない
  （タブレット端末で、教材、音声・キーボード入力などを活用）
- 興味が持てるものをやる
- テレビのニュースで代替する
- 漫画で歴史を勉強する
- 友達と一緒に勉強する
- いっそのこと小学生の間は勉強はやらず、焦りが出るまで待つ
- 先生が授業の方法を変える
- 学校を変える

たくさん挙がりました。

❷グループに分ける

（a） 教材を工夫する：クイズ、テレビ、タブレット端末などの活用

（b） 誰かと一緒に勉強する：友達、家庭教師

（c） 学校の授業や環境を変える：先生にお願いする、転校など

❸メリットとデメリットを考える

（a） 教材を工夫する：ネットや本屋さんなどを歩いていろいろ見ていけばありそうですが、情報が多いのでどれが良いかを見きわめるのが難しそうでした。

（b） 誰かと一緒に勉強する：家庭教師は学校と一緒で、Ａさんのことをわかってくれる人に出会えるかどうかが不明で、どこに頼めば良いかがわかりませんでした。友達と一緒に勉強するのは、できそうでした。一緒にゲームをしている友達がいるからです。

（c）学校の授業や環境を変える：ゲームやネットを使った学習方法を
　　取り入れているフリースクールがあることがわかりました。

　この中から、お母さんの欲求もＡさんの欲求も叶えられる解決策を
選んでいきます。

❹できそうなことを選ぶ

　環境を変えることにはお互いに同意しましたが、いきなり環境を変
えるのはＡさんに不安があったので、情報を持っている相談室をお母
さんが訪ねて、いろいろ聞いてからＡさんと話し合いをすることにし
ました。

　それまでは、「家で計算を“数独”でやる」「ネットニュースを見て
１日10分話をする」「Ａさんがやっているゲームのことをお母さんに
わかりやすく説明する」時間を作って、それを「学習」としました。

　このように、「対立解消」には時間がかかります。お互いが解決し
たいという意思が必要ですし、何より、親側に子どもの気持ちを受け
止める余裕や、話し合いを進めていくスキルが必要だからです。
「対立解消」に向き合うにはそれだけエネルギーが必要ですが、その
分達成感もあります。たとえ納得のいく解決策が見つからなかったと
しても、「いっぱい話せた」「聞いてもらえた」「一緒に考えた」とい
う体験は、親子がお互いを理解し合うきっかけになるでしょう。

　アンガーマネージメント研究会では、様々なワークショップを開催
しているので（P156）、ぜひそれらも活用しながら親子のコミュニケ
ーションを円滑にしてみてください。

年齢別　親子のトラブル事例

　ここからは、幼児期から高校生までの日常生活で典型的な親子トラブルの場面を取り上げ、子どもの言葉や行動の背景にある「本当の気持ち」や「伝えたいメッセージ」を受け止めるコミュニケーション方法を紹介します。単に技法だけを伝えても上滑りになりますし、子どもも「急になに？」と驚きます。

　そこで図4に基づいて、親がしてしまう「①表面的な言葉や態度からの、誤った解釈」を理解するために、会話の解説をします。その上で、「②見えていない子どもの気持ちや欲求」を正確に理解するには、親側がどのように受け止め方を変えれば良いかをアドバイスします。「日常でよく見られる事例」と「特別な配慮を要する子どもへの対応」を紹介していきます。事例は、幼児期から小学校、中学校、高校へと進みます。

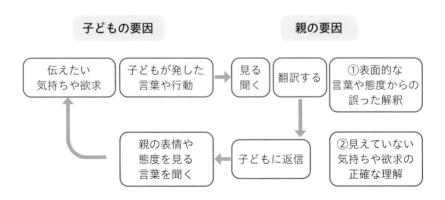

図4　親子のコミュニケーションがすれ違うメカニズム

「甘えたいんだけど……」

テーマ　赤ちゃんが生まれてお姉さんになった４歳の女の子。お母さんが赤ちゃんのお世話で忙しくしているのをわかってはいるものの、本当はまだ甘えたい。そんな子どもの気持ちを受け止めながら、お互いに安心して生活が送れる方法を学びます。

状　況

　４歳のりーちゃんは保育園に通園しています。家には生後５ヵ月の弟がいるので、お母さんは赤ちゃんのお世話に手がかかっている最中です。ある日の保育園の帰り道、少し寒くなってきたので、りーちゃんはお母さんと

手をつなごうとしましたが、そのタイミングで弟が大声で泣き始めてしまいました。お母さんが弟をあやしているのを目にしたりーちゃんは、ママに代わってベビーカーを押して帰ります。りーちゃんは、周りの状況を見て相手がしてほしいことを察して行動に移すことができる子どもです。

　自宅に戻ってからの生活も、食事やお風呂の準備で、お母さんには休む暇がありません。りーちゃんを夜８時には寝かしつけたいと思っています。以前は、夕食を食べてからお風呂に入るまでがお母さんとの遊びの時間だったのですが、今は普段の食事に加え離乳食作りもしなくては

ならないため、夕食の後、りーちゃん
は1人で遊ぶことが増えました。りー
ちゃんも、ブロックやお絵かきなど1
人での遊びを楽しんでいたので、お母
さんもその点は安心していました。

　しかし、問題はお風呂の時間です。
遊びに熱中してしまうあまり、お風呂
の時間になってもなかなか遊びを切り上げることができません。
いつもお母さんの方が痺れを切らして「先に赤ちゃんと入るね！」
と言ってお風呂場に行きますが、そうなると決まってりーちゃん
は大声で泣き始めてしまいます。そこでお母さんが怒った様子で
「早くお風呂に入りなさい!!」とりーちゃんに言いますが、そう
するとさらに大きな声で泣いてしまいます。

　無理やりお風呂に入れても、その後の興奮状態が続いてしまい、
夜もなかなか寝つけなくなってしまいます。

この場面のお母さんの解釈

　機嫌が良いとお姉ちゃんとしてお手伝いもしてくれる子なのに、
遊びからの切り替えが下手で困っています。もう4歳だし、本
人を甘やかしてしまってよいのか不安もあります。

　自分が甘えたい気持ちをうまく表現できないりーちゃんに、お母さ
んがどういう接し方ができると、お互いに安心できるでしょうか？

　4歳児は、自分がお姉さんになったことに役割的に喜びを感じる反

面、お母さんが大変な状況も理
解できるようになるため、自分
が甘えたい気持ちをうまく表現
できずにストレスを抱えること
があります。うまく行動を切り

替えることができない場合には、見通しを事前に伝えておくことが必
要です。そして、約束を守ることができたらすぐにほめてください。

　それぞれの場面で、子どもに何が起こっているのか理解しながら、
対応方法を考えてみましょう。

①赤ちゃんが泣いているのに気づいて
ベビーカーを押してくれた場面

　本当は寒さでお母さんに甘えたかったりーちゃんですが、ここでは
自分の欲求をグッと我慢しています。帰宅途中なので、保育園で頑張
って生活してきた余韻が、まだ心の中に残っていたのかもしれません。

お母さんの対応へのアドバイス

　下の子どもに手がかかる時期は
上の子どもの手助けはとてもあり
がたいですし、親としてもホッと
できる場面ですね。しかしながら、
普段から生活に追われていると、
ちょっとした子どもの気遣いが当
たり前になってしまい、特にそこ
に触れないままに過ごしてしまう
こともあるかもしれません。この
ような、当たり前だけれど子ども

が動いてくれている場面では、プラスのフィードバックを忘れずにしてみてください。その際、「りーちゃん、ベビーカー押してくれてありがとう」と、ちゃんと相手の名前もつけて感謝の気持ちを伝えます。さらに、「お母さん、赤ちゃん抱っこしながらベビーカー押すの大変だからとても助かっちゃった」とちゃんと相手がしてくれたことの自分への影響も合わせて、感謝の言葉を伝えることも大事です。

②遊びから切り替えができない場面

4歳になると、遊びながらいろいろなイメージが想像できるようになります。その一方で、自分の中のイメージをすぐに現実世界に切り替える力は、まだ発達途上と言えます。その遊びを本人が大好きで、楽しんでいればなおさらです。

お母さんの対応へのアドバイス

切り替えのまだ難しい子どもに大事なのは「見通しを事前に伝える」ことです。「ご飯食べたら、1枚お絵描きして、その後にお風呂に入ろうか」などと本人に無理のない内容で実行可能な見通しを本人と確認をします。そして、それが守れたら「すぐにやめられたね。すごい!! お母さん嬉しいな」とお母さんとの約束を守れたこと

をすぐに認めてあげてください。子どもに身につけてもらいたい力は、プラスの感情とともに学ばせていくことがとても大事です。

③なかなか興奮状態が収まらない場面

　興奮して大泣きをしたままに熱いお風呂に入ると、子どもの神経はずっと興奮状態が続いてしまいます。本来、お風呂の時間はお母さんとのスキンシップの中で安心したり、甘えたくなったりする時間です。

お母さんの対応へのアドバイス

　子どもが泣いている最中であれば、まずはクールダウンが必要です。これは子どもの状況にもよりますが、普段から、「これがあると落ち着ける」というものや場所を作っておくことも一つの方法です。

　4歳児は自我も強くなってきていますから、本当はやろうとしていることでも、親から強要されると反発してしまうことも考えられます。「お母さん先に入って待っているね」と言って、本人に切り替えのタイミングを選択させ、自ら行動に移す決断をさせることが必要な場面もあります。

　普段から、甘えることがうまくできない子どもであれば、一日の中に必ず一対一で甘えられる時間を決めておくことも大切です。就寝時間を守らせることが大事な場合もありますが、赤ちゃんを先に寝かしつけて、その後に絵本を読むなどの時間を確保して心の栄養を満タンにして就寝することで、寝つきがスムーズになることも考えられます。子どもは満足することで、その後スッキリと眠りにつくことができます。

小学校低学年

「新しい環境へのとまどい」

テーマ　家の中では活発に遊ぶ小学1年生の男の子。しかし、新しい環境では緊張して過ごすことが多く、学校での話も本人はあまりしません。そんな中、学校でお友達に怪我をさせてしまった際などに、本人が安心して話ができるようにする方法を学びます。

状 況

　ひろくんは4月に小学校に入学したばかりの1年生。家では活発なひろくんですが、学校では新しいことが多く、毎日緊張しながら過ごしていました。

　ある日の休み時間、ひろくんはお友達とぶつかり、顔に怪我をさせてしまいました。そのとき、相手が大きな声で泣いたことにびっくりして、その場ではすぐに「ごめんね」が言えませんでした。周りには先生もいなかったため、そのことを後から教室でみんなの前で注意されました。

　さらに、その日の放課後に学校から自宅へ電話があり、お母さんは担任の先生から「ひろくんがお友達の顔に怪我をさせてしまいました」と報告を受けました。お母さんはショックで頭が真っ白にな

り、とにかく「すみません
でした」と謝ることしかで
きませんでした。

　お母さんは、ひろくんが
何も学校のことを話してい
なかったので、先生からの
電話を受けてびっくりして
ひろくんを問い詰めます。

しかし、ますますひろくんは何も言おうとしません。お母さんは
思わず、「何も言ってくれなきゃわからないでしょ！　お友達が怪
我しちゃったんだよ！」と声を荒らげます。

　お母さんは自分も泣きそうな思いで、怪我をさせてしまった相
手のおうちに電話をすることにしました。相手のお母さんは「気
にしないでください」と言ってくれたものの、この先も学校で会
うことがあるだろうし、これからどうやって過ごしていけばよい
のだろうとモヤモヤした気持ちが残ってしまいました。

この場面のお母さんの解釈

どうして何も話してくれなかったのだろう。本当に反省して
いるのか、また同じことがあったらどうしようと不安。事実
を話そうとしない息子への不信感や焦りも感じます。

　不安になるとコミュニケーションを閉ざしてしまう子どもに対して、
お互いに落ち着いて話し合いができる状況をどうやって作っていった
らよいでしょうか。

　小学校へ入学すると、子どもにとっては、新しいルールや時間の流れ、幼稚園や保育園よりも広い環境での生活など、いろいろなことが初めての経験となります。そのため、子どもによっては毎日が緊張の連続であることもあります。そのような中での失敗は、子どもにとって自尊心を大きく傷つけられる出来事となってしまいます。

　親も、まだ新しい生活に慣れていない我が子の起こしたトラブルに対して、不安が高まる場面ですが、子どもの問題として解決に向けた話し合いをすることが、今後、子どもが安心して学校生活を送るためには大切になります。

　それぞれの場面で、子どもに何が起こっているのか理解しながら、対応方法を考えてみましょう。

──── ①「ごめんね」が言えなかった場面 ────

　自分も遊びに熱中している最中に、周りで遊んでいた友達とぶつかってしまうトラブルは学校現場ではよく起こります。まだ1年生のひろくんにとって、急な出来事にまずその状況を正しく理解することが難しいこともあるかもしれません。特に、意図しない衝突場面では「びっくりした」という気持ちが先行し、どうしたらよいかまで考えが及ばないことが考えられます。さらに目の前の子どもが泣いてしまった場合には、かなり不安が強くなって気持ちがフリーズしてしまうような状況にもなりかねません。

お母さんの対応へのアドバイス

　ひろくんとのコミュニケーションの入り口として「今日びっくりしたことがあったんだって？」と、まずはひろくんの初めの気持ちに寄り添った声がけをします。お母さんが自分の気持ちにまず寄り添ってくれることで、この後、自分の話がしやすくなります。

――― ②お母さんに学校のことを何も報告しなかった場面 ―――

　教室で先生からも指導を受けて、そのときに本人が十分に出来事を振り返りながら、自分のやってしまったことを反省できて、学校で謝ることもできていれば、本人にとっては今日のことは「終わったこと」となっています。

　学校の先生から自分で親に報告するように指示されている場合を除き、子どもが自分で親に報告をしないのは、子どもの中でしっかり問題が消化されている場合がほとんどです。

お母さんの対応へのアドバイス

　コミュニケーションの入り口を経て、本人が今日の出来事を話し始めたら、まずは相槌を打ちながら話を聞きます。その際に、学校の先生からの報告の内容と相違点がないかを確かめながら話を聞いていきます。

びっくりして、どうしていいか…

　本人からの話が不明確な場合は、「誰（Who）」と「何（What）」があったのかを聞きながら、出来事の経緯を明確化していきます。メモ帳に相手と本人の名前を左右に書いて、図示してまとめていくような方法がわかりやすい子どももいます。

―――― ③お母さんに問い詰められ、子どもが固まってしまった場面 ――――

　ひろくんのように緊張が強い子どもの場合、不安を言語化することにサポートが必要なケースが多いです。小学校低学年では、自分の感情へのネーミングがまだ的確にできなかったり、子どもが普段感じている感情自体が少ない、または実際の感情を取り違えてしまっていることがあります。また、このような場面では「本人が事実を隠そうとしているのではないか？」と親側の心配を子どもに向けたくなるかもしれません。しかし、ここでその視点で子どもを問い詰めてしまうと「お母さんから叱られるのが嫌だから」という理由で本当に事実を話さなくなってしまう場合もあります。

お母さんの対応へのアドバイス

「とてもびっくりしたし、怖かったよね」とそのときの感情に焦点を当てて、ネーミングをします（驚き・恐怖）。「でも、お友達もとても痛かったよね」と友達の立場（苦痛）にも共感的に話します。

　子どもにとって恐怖や苦痛はこれからは避けていきたいことのはずですから、「また同じ思いをしないようにどうしようか」ということをポイントにして子どもと話し合いをします。

　子どもから出てきた解決策について、できることは実行します。その際に、親として手助けをできる部分はお手伝いします。この際、あくまでも子どもの問題として解決をしていく視点が大切です。

「お兄ちゃんはつらいよ」

テーマ　小学3年生と5歳児の兄妹げんかが毎日あります。暴力をふるってしまう兄を注意すると、兄は心を閉ざしてしまいます。トラブルの場面で2人の気持ちを受け止めて、話し合いができる声がけを学びます。

状 況

　まもるくんは小学3年生。学校ではおとなしく目立たない存在です。頼まれたことは素直に実行し、家でもお母さんのお手伝いをよくしてくれます。一方、5歳の妹のひかりちゃんは甘え上手です。お母さんと遊んでいても、お父さんが帰ってきたらさっとお父さんに飛びついて、膝に乗せてもらったり、一緒にお風呂に入ったりしています。買い物に行くとひかりちゃんはスーパーのカゴに欲しいお菓子をドンドン入れたり、「あれ食べたい」「公園に寄ろうよ」とお母さんの手を引っ張ったりします。

　ダメと言われたり怒られたりするとすぐに泣くので、両親ともひかりちゃんには強く言えません。まもるくんの使っている小学校の教材をさわりたがって、まもるくんが「ダメだよ」と言うとお母さんのところに行って「お兄ちゃんがいじわるするー」「ひーちゃんにもあれ買ってー」と泣くので、お母さんは「ちょっとくらい貸してあげて」と言います。

　まもるくんが学校の宿題をしていると、ひかりちゃんも隣に来て、真似をして計算をします。まもるくんの答え合わせに来たお母さんにさっと自分が書いたものを見せて「すごいね、ひーちゃん」とほめてもらうのが嬉しくて、まもるくんがリビングで勉強

をしていると必ず隣に来ては、教材を見たり、さわったりします。まもるくんは妹が生まれてからずっとこういう状況が続いていたので、ここのところ疲れてしまい、妹に当たることが増えてきました。

　ある日学校で、まもるくんは、友達に自分のコンパスを勝手に使われた上に壊されてしまい、授業中に作業ができませんでした。「忘れた人」は集められて先生に注意をされましたが、まもるくんは、じっと黙って先生をにらんでいたので、「態度が悪い」と先生に怒られてしまいました。

　家に帰るとひかりちゃんが自分のゲームを勝手に使って遊んでいました。まもるくんは思わずカッとなってしまい、ひかりちゃんの手からゲームを取り上げたら、ひかりちゃんが転んで大声で泣き出してしまいました。お母さんの目には、突き倒されて泣いているひかりちゃんと、その横でカバンを出しっぱなしにしてゲームを始めたまもるくんの姿が見えています。お母さんがひかりちゃんのところに行って、「大丈夫？」と聞くと、ひかりちゃんは「お兄ちゃんがいきなり突き飛ばしてゲーム取った！」と言ってお母さんにしがみつきます。

　お母さんが「まもる、ごめんねは？」と言っても、まもるくんは無言でゲームをしています。母「まもる、聞こえてる？　暴力はいけないって言ってるよね」とゲームを取り上げようとすると、まもるくんはいきなり立ち上がってゲームを床にたたきつけました。お母さんは「まもる！」「あぶないでしょ」「何があったかちゃんと説明しなさい！」と声をかけますが、まもるくんはリビングのクッションを頭に載せてうずくまってしまいました。その姿

を見た途端にお母さんもカッとなってしまい「今日はおやつなし！」と大きな声を出してしまいました。

　お母さんは、まもるくんをしばらくそのままにして、ひかりちゃんを抱き上げて別の部屋に行き、おやつを食べていました。すると、まもるくんがやってきました。手には床にたたきつけたゲームがあります。無言でゲームをテーブルの上に置いたので、お母さんは「自分で壊したんだから、新しいのは買わないよ」と言いました。まもるくんの表情が一瞬固くなったのでお母さんは「まもるも、おやつ食べる？」と聞きましたが、まもるくんは黙ってリビングに戻り、カバンから宿題を出してやり始めました。しかしコンパスを使う宿題なのでできません。イライラしながら、プリントをくしゃくしゃにしてしまいました。

この場面のお母さんの解釈

　妹に嫉妬して、いじわるする兄。自分がやったことを素直に謝らず、宿題に八つ当たりしていると捉えています。

　自分の気持ちを上手に言葉にできないまもるくんが、お母さんに落ち着いて状況を説明できるようにするには、お母さんはどういう聞き方をすればよかったのでしょうか？

解説

　気持ちを言葉にしにくい子どもの場合は、親側が適切に表情や行動を翻訳する力をつけましょう。細かな発信から拾える子どもの気持ちのヒントを以下に記します。

●子の発信1：お母さんの手伝いをよくしてくれる

⇒まもるくんは、「テディベアタイプ」（P145）。自分よりも相手の欲求を優先して相手の役に立つことを大切にしています。こういう場合は、「ありがとう」と同時に「まもるがしてほしいことも、ママは手伝いたいよ」と気持ちを伝えておきます。

●子の発信2：妹が教材を勝手に使うと「ダメだよ」と言う

⇒言葉で伝えています。こういう場合は、「ひーちゃん、ママのお手伝いお願いします」など、妹を自分の方に呼んで妹の自尊心を高めます。

●子の発信3：お母さんが答え合わせをしに来たときに、妹がほめてもらっても文句は言っていない

⇒自分の権利を妹に譲っています。この場合は、妹の気持ちは受け止めてから「順番」を教えます。

例：「ひーちゃんもできたんだ。お兄ちゃんの次に見るね」

●子の発信4：イライラして妹に当たることが増えてきた

⇒言葉で言っても聞かないので、「ダメだよ」が行動化しています。こういう場合は、気持ちを受け止めます。「何かイライラしているね。お話、聞こうか？」と小出しにできるように支援しましょう。

●子の発信5：学校でコンパスを壊されても黙っていた

⇒人を責めることはせず、作業ができなかった責任をとっています。

●子の発信6：先生をにらみつけていたら、態度が悪いと怒られた

⇒わかってもらおうと見ていたら表情が強張ったようです。

●子の発信7：ゲームを妹の手から取り上げる

⇒自分の権利を行動で主張しています。この場合は、兄の気持ちを受け止めてから、妹に「見通し」を伝えることを教えます。

例：「今日は、1人でやりたいみたいだね。ひーちゃんに、どれなら

やっていいか教えてくれる？」

●子の発信8：「まもる、ごめんねは？」に無言でいる

⇒自分は間違っていないと自己主張をしています。この場合は、気持ちを受け止めて、自分の翻訳が間違っていたことを伝えてから相手に説明を求めましょう。

例：「まもるは、謝りたくないんだね。ママは、ひーちゃんが倒れたところしか見ていないから、何があったのかを話してくれるかな」

●子の発信9：ゲームを取り上げようとすると、床にたたきつける

⇒母にやってはいけないと言われたので、自分でできないようにしました。怒っていることを示しているのかもしれません。興奮している場合は、気持ちを受け止めてから、落ち着いたらお話を聞きたいと見通しを立てます。

例：「すごく怒っているんだね。じゃあ、落ち着いたらお話聞きたいな。ママは、あっちの部屋で待ってるね」

●子の発信10：リビングのクッションを頭に載せてうずくまる

⇒その場からは逃げずに、気持ちを落ち着けようとしています。また、聞きたくないことも行動で示しています。

●子の発信11：壊れたゲーム機を拾い、母のところに持って来る

⇒壊した物を危なくないように回収して、母に采配を預けています。この場合は、責任をとろうとしている態度を認めて、壊れたゲームは刺激の排除として一旦しまいます。目の前にあると、妹がいろいろ言う可能性もあるためです。

●子の発信12：おやつなし、と言われてもリビングに戻って宿題プリントに取り組み始める

⇒自分の責任は果たそうとしています。本当は、お母さんに受け止め

てほしかったのかもしれません。この場合は、宿題をやり始めたことを認めます。その上で、わからないところは相談にのることを伝えておきましょう。

例：「宿題やろうとしてるんだね。えらいね」

「ママが何か手伝うことがあったら、言ってね。ここにいるから」

●**子の発信13：プリントをくしゃくしゃにしてしまった**

⇒集中できない苦しさ、課題に向き合えない苦しさを「できないよ」と行動で示しています。この場合も、気持ちを受け止めてから、プリントを一旦預かって刺激を排除し、事情を聞きましょう。

例：「イライラしているみたいだね」

「プリント、預かるよ。ちょっとお話ししてからやろう」

ここで、学校のことも本人が伝えたら、本人から先生にどう伝えるかの相談にのりましょう。

お母さんの対応へのアドバイス

正しく解釈して、適切に気持ちを受け止めてみましょう。まもるくんがわかってもらいたいのは、「お母さんの役に立ちたい」ということ、及び、人を責めずに自分の責任を果たそうとしていること、宿題やゲームなど、やり方は未熟だけれど自分なりに頑張っていることだと思います。お母さんから欲しい言葉は「ありがとう」と「ごめんね」の後に「えらいね」ではないでしょうか。

NG

OK

「頑張ってきたのは誰のため?」

テーマ　小さいころからサッカーを頑張ってきた小学5年生の男の子。しかし最近、急にチームでの練習や学校をお休みするようになってしまいました。前思春期に起こりやすい本人の中での挫折感に寄り添う方法を学びます。

状　況

　小学5年生のりゅうまくんは、幼稚園のころから地元のサッカークラブに所属し、本人も「将来はサッカー選手になりたい」と熱心に練習に取り組んできました。小学校入学以来ずっと放課後はサッカーの練習、土日は試合のための遠征という日々を過ごしています。そんなりゅうまくんを家族も一生懸命にサポートしていました。

　5年生になり、クラブの中でも一番上のチームに進級、選抜チームにも選ばれました。今まで中学年のチームでもリーダーの役割を果たしてきたりゅうまくんは、上のチームになっても頑張りたいと思い、5年生のリーダーに立候補することにしました。同級生のみんなもそのことに賛成してくれています。

　高学年チームでの練習が始まって数ヵ月が経ったころ、りゅうまくんのミスによってチームが試合で負けてしまうということがありました。そのとき、上級生から言われた「そんなんじゃ全然

ダメだよ」という一言により、りゅうまくんは一気に落ち込んでしまいます。いつもであれば、みんなに指示を出すほど活発なりゅうまくんでしたが、なぜかそのときは、上級生に対して何も言えませんでした。

　その出来事をきっかけに、学校に行くと急に緊張してしまったり、大好きな体育の授業も体調不良で見学してしまったりすることが増えました。さらに、今までは必ず提出していた宿題を忘れ、みんなの前で先生に怒られてしまいました。そのとき、りゅうまくんの心の中で、何か張り詰めた糸がパチンと切れるような音がしました。

　次の日、お母さんに「今日はお腹が痛い……」と言って学校をお休みしました。そのようなことが日に日に多くなっていきました。りゅうまくんを励ましていたお父さんとお母さんも、焦って「今日は学校に行きなさい！」「何怠けたこと言ってるんだ！」と次第に本人を責めるようになりました。

　ある日の朝、とうとう、りゅうまくんはトイレから出て来られなくなってしまいました。トイレの外ではお母さんとお父さんが言い合いのけんかをしています。

　それから、りゅうまくんは毎朝ご飯を食べて、着替えまではするものの、部屋に戻って寝てしまうようになり、学校にも長い期間行くことができなくなりました。

⋮

この場面のお母さんの解釈

様々なことに頑張って取り組んできた息子が、物事から逃げようとしていることにとまどいを感じ、信じられない気持ち。その一方で、本心を明かさない息子に対して、学校で何かあったのかもと心配する気持ちもあります。

　自身の不安をなかなか周りに伝えることができず、身体の不調として出してしまっている子どもに対して、親が本人の不安に寄り添うにはどのようにしていくとよいでしょうか。

解説

　小学４年生以降の、思春期に入る手前の時期には、実は子どもの心の中で、今までとは違った価値観が生まれてくるものです。その背景には、「周りとの違いを意識するようになる」という、この時期特有の心の成長が影響していると考えられます。今までは「自分が楽しいから」という理由で何事にも取り組めていた子どもでも、周りの評価が気になったり、周りと違うことをすることへの不安感が生じたりするようになります。その一方で頑張り屋の子どもの中には、「人のために頑張ること」を当たり前の価値観として幼少期から持っている子どもも少なくありません。この場合は、小さい子どもでも親やコーチや先生の評価を気にして、「叱られるのが怖い」「自分の評価を下げたくない」という思いを抱いたり、「相手を喜ばせたい」という周りからの期待を過剰に背負ってしまったりすることがあります。

　それぞれの場面で、子どもに何が起こっているのか理解しながら、対応方法を考えてみましょう。

①朝「お腹が痛い」と言ってきた場面

子どもが朝の登校前に「お腹が痛い」と言ってくる場合、親としてはとっさに「気にしないようにさせよう」という行動に出てしまいがちです。今回のケースでは、その前から少し息子の変化に両親も気づいているため、なおさらだと思います。

このような場面では、大人と子どもの抱える問題が食い違いがちになります。子どもは「なんだか不安だということをわかってほしい」と今の状況への対応として不調を訴えますが、大人は「この後学校に行かなかったらどうしよう」と、起こり得る先のことを不安に感じてしまいます。そうすると、子どもに対して「大丈夫でしょ」と気にさせないように接するようになります。しかし、それは大人側の不安を回避するコミュニケーションであり、子どもの「わかってほしい」という欲求には応えることができません。このようなやりとりは結果、長びくことになってしまう場合があります。

お母さんの対応へのアドバイス

まずは本人が訴える苦痛について受け止めます。「お腹が痛いんだね」と本人が伝えてきたことを繰り返して相手との会話のキャッチボールをスタートします。その後、「何かあった？」のように、明確になっていない部分を「何で？（Why)」では

なく「何？（What）」で聞いてみましょう。

　この際に、「今日のテストが不安」だったり「やらなければならないことがまだ終わっていない」など本人が抱えている具体的な不安が出てくれば、それについてまずは話を聞きます。

　しかし、このような場面では本人から具体的な話が聞けないことも多いと思います。その場合は、お腹の痛みに対する具体的な手当てを一緒に考えます。「どうしたい？」と本人の意思を確認しても良いでしょう。

──── ②学校のお休みが日に日に増えてきた場面 ────

　本人のストレスもかなり高まってきている状況です。併せて、「学校を休む」という今までに自分が経験したことのない想定外の出来事が続いていることへの不安の渦中にいる状況が考えられます。

　このような場面で身体の不調を訴えるケースは多いですが、そのほとんどの子どもは「学校には行かなければならない」という気持ちと「気持ちと身体が向かわない」ことの葛藤の中でストレスを抱えています。

お母さんの対応へのアドバイス

「学校に行きたい気持ちはあるけれど、体が動かなくて困っているんだよね」と共感的に話を聞きます。「本人が困っている」という点にスポットを当てて、子どもの話に傾聴します。その上で、「今はどうしたい？」と、「今」にスポットを当てて質問してみましょう。「過去のことがまた繰り返されてしまうかも」「これからどうしよう」

など、大人は今後のことが気になりますが、それは本人も同じように心配をしていると思います。まずは、今このときをどうするかという視点への置き換えを支援します。

　また、原因となっていることがわからなかったり、事態が長引いていて学校生活や家庭生活への影響が大きくなってきていると感じたりする場合には、専門機関への相談も検討しましょう。家族だけで問題を抱え込むのではなく、保護者が誰かに相談をすることが必要な場合もあります。

中学生①

「ゲームだから」

テーマ　中学2年生の男の子と母親の会話。家に帰るとゲームばかりしている息子に注意をします。言い争いになりがちな場面への対応を学びます。

状況

　ゲームの時間は夜10時までと言ってあります。宿題や入浴を済ませて、遅くとも夜11時には就寝するように伝えてあり（親から一方的にですが）、息子の拓哉くんは「わかった」と言っています。2週間後に期末テストがあり、お母さんとしてはそろそろ勉強を始めてほしいと思っています。というのも、中間テストの成績が1学期よりも平均で20点程度下がってしまったからです。担任と学年主任の先生との面談があり、「学校でも授業中に寝てしまうことがあり、提出物が出されていないこともある」と注意を受けていたので、期末テストでは挽回してもらいたいと思っています。

　ところが、ここのところ拓哉くんは家に帰ると部屋にこもってずっとゲームをやっています。「寝なさい」と言っても無視されたり、「うるさい」と不機嫌になったりするので、そのままにしていましたが、お母さんとしては、そろそろ勉強の話をしたいと思っていました。

　一方、拓哉くんには、ここのところ何だかわからないモヤモヤした気分があります。友達関係でトラブルがあるわけでも、部活でプレッシャーがあるわけでもありません。授業も聞いていてわか

るのですが、なんとなくやる気が起きず、暇つぶしにスマホで動画を見たり、みんながやっているというゲームをしたりしています。

　ある日、拓哉くんは学校から帰るなり「今日はゲームで大会があるから夜中までかかるよ」と言い出しました。リビングで夕食の支度を早めにして今日こそ勉強の話をしようと思っていたお母さんはびっくりです。

　母「なにそれ、聞いてないよ」、子「今、言った」、母「ゲームは、10時までっていう約束だよね」、子「これは、オレの金で買ったんだから、いつやるかはオレが決める権利がある」。

　拓哉くんは自分の部屋へ行き、お母さんが話をしようとしても、返事をせずゲームを始めてしまいました。こうなると話にならないので、何も言わずにいたところ、夜中までゲームをして明け方には寝たようです。お母さんは、拓哉くんが学校に行っている間にゲーム機を預かることにしました。拓哉くんは帰ってきて、ゲーム機がないのに気づいてお母さんのところにやってきました。

　子「ゲームどうしたんだよ」、母「約束破ったから預かりました」、子「返せよ」、母「昨日約束破ったんだから……」、子「約束なんてしてないだろ。そっちが一方的に決めただけじゃないか」、母「今日は、ダメです」。

　拓哉くんが、タンスや引き出しなどを開けてゲーム機を探し始め、書類や服などが散乱し始めました。お母さんが「ちょっと、やめてよ」と言っても、拓哉くんは怒った様子であちこち探しています。しかし見つからないので、お母さんのところに向かってきました。目つきが険しくなっています。

子「返せよ。オレのだろ」。お母さんはここで屈してはならないと思って「そんなに我慢できないなんて、ゲーム依存症になってるんじゃないの？」と言いました。拓哉くんがドンッとイスの脚を蹴ったので驚いて立ち止まると、拓哉くんは座ってスマホでゲームをし始めました。

「ちょっと、何やってんの」とスマホをやめさせようとすると、「うるさい」と机をバンッとたたきます。刺激してはまずいので、そのままにしてお母さんは部屋を出ました。拓哉くんは、夜中までスマホでゲームをやっていましたが、翌朝は学校に行きました。

この場面のお母さんの解釈

　ゲームがやめられず、時間を守らず、親の話は聞かずに、キレると大声や暴力をふるう困った子と捉えています。

本当にそうでしょうか？

▶解説

　子ども側の欲求を、視点を変えて解釈してみると以下のようになります。

●子の発信１：「今日はゲームで大会があるから夜中までかかるよ」

⇒時間外までやりたいことを交渉しています。

●子の発信２：「今、言った」

⇒無断でルール破りをするのではなく、直前ではありますが伝えています。

●子の発信３：「いつやるかはオレが決める権利がある」

⇒自分で自立したい希望を伝えています。

●**子の発信4：ゲームをとがめられて部屋に行った**

⇒荒れたり言い争いをしたりせず、部屋に移動しました。ストレスマネージメントができています。

●**子の発信5：寝不足でも学校に行った**

⇒自分の責任は果たしています。

●**子の発信6：ゲームが見つからず「返せよ」と言ってきた**

⇒まずお母さんに話しかけています。

●**子の発信7：「約束なんてしてない。そっちが一方的に決めた」**

⇒一方的に決められたことに対して抗議をしています。これまでの発信と合わせて解釈すると、自分の意思や自立を認めてほしいと伝えているようです。

●**子の発信8：タンスや引き出しを開けて探し始める**

⇒親に頼らず自力で何とかしようとしている様子です。

●**子の発信9：イスの脚を蹴る**

⇒親を黙らせる手段として大きな音を出していますが、お母さんには暴力をふるっていないし暴言も吐いていません。次の机をたたくのも同様です。

●**子の発信10：スマホでゲームを始める**

⇒ゲーム機はお母さんに預けたままで、代替行動で気分転換をした上で、学校には行きました。

—— ①遅くまでやりたいと言われた場面 ——

　子どもの欲求を正しく解釈し、気持ちを受け止めてから、子どもに適切な行動に変えてもらうように対話をすることが大切です。下記にその対話例を記します。

子「今日はゲームで大会があるから夜中までかかるよ」

母 （繰り返します）「え？　大会があるの？」

子 「そ。だから、夜中までやるから」

母 （気持ちを受け止めます）「時間かかりそうなんだ。楽しみ？」

子 「は？」（どうやら、翻訳を間違えたようです。こういうときは、素直
　 に間違えた理由を説明します）

母 「あ、ごめん。そんなに長い時間やるなら、楽しみなのかなって思
　 ったんだ」

子 「みんながやるからだよ。んなこともわかってないの？」（こちら
　 が受け止めると、相手は絡みにくくなる。説明も加えてくれた。どうやら、
　 つき合いでやっているらしい）

母 （繰り返します）「そっか、みんなやってるんだ。つき合い大変だね」

子 「そ。だから、今日はご飯早くしてくれる？」

母 「はい。事情を話してくれたので今日はＯＫにします。お父さんに
　 も事情は伝えないといけないから、今度からは、早目に言ってほし
　 い」

子 「わかった」

母 「ありがとう」

お母さんの対応へのアドバイス

　ここで、「明日はできないよ」と言いたくなっても、言いません。
それは、「あなたを信頼していません」というメッセージを伝えてい
ることになるためです。自立して、自分の行動を制御できる力をつけ
させたい場合は、子どもを信頼して見守り、できたところを認めるこ
と。誤った行動をしたときに、一緒に客観的に振り返る姿勢を示すこ
とが大切になります。

NG

OK

聞いてないよ!!

今日、ゲーム大会あるから夜中までゲームするよ

え？
大会があるの？

今日、ゲーム大会あるから夜中までゲームするよ

勉強どうするの？
テストでしょ！

そ　だから、
夜中までやるから
よろしくー

楽しみ？

翌日

約束破ったから
預かりました

ゲーム
どうしたんだよ

は？
みんながやるからだよ
んなこともわかってないの？

そっか、
付き合い
大変だね

ない！
ない！
ない！

だから、ご飯
早くしてくれる？

はい

お父さんにも
事情を伝えるから、
次は先に言ってね

わかった

中学生②

「実行委員、辞めたい」

テーマ　文化祭でリーダーとしてクラスをまとめる役割をまっとうしたいと考えている中学3年生の女の子。しかし、最近は周りとの温度差を感じて悩んでいます。思春期の自立性も尊重しながら、どうやって大人は子どもをサポートしていくと良いのかを考えます。

状 況

　ゆりさんは中学3年生。中学校最後の文化祭ではクラスの実行委員として出し物の計画や準備などの指揮をとる立場になりました。ゆりさんは、最高学年の文化祭に、クラスで団結して打ち込みたいと思っています。しかし、周りの仲間からは「受験勉強があるから」などの理由でそこまで乗り気ではなさそうな雰囲気を感じています。

　そんなある日の学級会で、ゆりさんはクラスの出し物案をたくさん考えてきて、その内容をクラスのみんなに提案しました。ところが、クラスの中からは「やりたい奴がやればいいじゃない」という意見が出てきました。ゆりさんはその意見にとてもショックを受けました。ふと周りの様子を見ると、普段仲良くしている友達も、その意見の前では何も言えない様子でいます。担任の先生は、ゆりさんを信頼しクラスの出し物のことは任せ切っている様子で、クラスでの話し合いの場にはあまり顔を出しません。

　そんなことがあった別の日、友人の1人から「内申点のために担任にいい顔したいんじゃないの？」と一部のクラスメイトが言っていたということを伝えられます。

　文化祭まではあと1ヵ月。自分がどうすればよいのかがわから

なくなり、そのことをお母さんに相談してきました。文化祭の準備は順調に進んでいるものと思っていたお母さんは、急に子どもが「実行委員、辞めたい」と言い出したことにびっくりして、思わず「何言ってんの。あと１ヵ月じゃない」と励ますつもりで伝えました。しかしゆりさんは「まだ、クラスでの出し物が何も決まっていない」と言います。

　さらに、ゆりさんの気持ちを前向きな方向に切り替えようと思い、「実行委員は内申点に良いから頑張って」と伝えましたが、その言葉がゆりさんをさらにイライラさせてしまったようです。イライラしたゆりさんは、突然「どうしたらいいと思う？」とお母さんに質問を投げかけてきました。何とかしたいと思ったお母さんは「先生には相談した？」「お母さんが先生に連絡しようか？」と、さらに質問と提案で返します。すると、ゆりさんは「もういいよ」と言ってその場を去っていってしまいました。

この場面のお母さんの解釈

この子にちゃんと実行委員が務まるのか心配な一方で、学校のことなのでよく状況がわからない不安もあります。また、娘がこんなに困っているのに先生は何をしているのだろうという不信感も出てきています。

　周りとの価値観の相違を感じる場面で、コミュニケーションの取り方について悩んでいる子ども。それに対して、本人が自分の問題として解決をすることを、親はどうサポートしていったらよいでしょうか。

解説

　中学生になると、学校行事においては他者との協働を集団活動として行うことが重視され、子どもたちの自主性がさらに重んじられるようになります。そのような中で、学級担任の目の届かないところで、リーダーになっている子どもが孤立感を深めてしまうというケースが散見されます。

　特に、中学3年生という時期は、周りとの価値観の違いについても十分理解ができるようになっています。その一方で、「自分さえ我慢すれば」と自己犠牲的に周りとのコミュニケーションを諦めてしまうような思考が働いてしまうこともあります。子どもたちは、大人から自立したところで活躍していきたいと考えていても、社会経験の未熟さから、特に学校行事のように大きな目標を掲げて集団活動を行う場面では、問題解決のために大人のサポートが必要になることはまだ多いはずです。

　親子の会話の中で、子どもに何が起こっているのかを理解しながら、対応方法を考えてみましょう。

――――― ①「実行委員、辞めたい」と言ってきた場面 ―――――

　あと1ヵ月で文化祭という時期にあって、クラス内での方向性が定まらないことに役割的に焦りを抱えていることが考えられます。本心は「辞めたい」のではなく、「辞めたいほど辛いんだ（焦っているんだ）」というサインだと捉えてみましょう。また、実行委員という自分の役割として何とかしなくてはならないという状況は、自身の意思とは違った部分で本人を追い詰めてしまうことも多いようです。

お母さんの対応へのアドバイス

「もう嫌なんだけど」「辞めたい」などの話が子どもからあったとき

には、「実行委員、嫌になっちゃったの?」とキャッチした言葉に解釈を入れずにそのまま返してみます。このケースの場合、ゆりさんはよく状況分析もできている子どもであるため、とにかく本人に話をしてもらうようにします。

そうすると、ゆりさんは「うん。みんな受験勉強があるからとか言って、どうでもいいって感じでさ」と状況を伝えてくれました。それに加え、「私だけが頑張っている気がして、もう疲れちゃった」とちゃんと自分の状況も言語化できました。その部分が本人の本音の部分です。そこが本人から出てきたら、「それは大変だったね」とすかさず今までの状況をねぎらい、共感します。

さらにゆりさんは「それにさ、私が内申点のために実行委員やってんでしょって言う人もいてさ。頭にきちゃうよ」とさらに具体的なエピソードを話し、そのことに対する怒りの気持ちが表出してきました。相手からより具体的な話が出てくれば、親の応答も「そんなことがあったんだね……。みんなに理解してもらえなくて、残念だね」などと、より具体的な共感を伝えることができます。このようなやりとりを通して、この後の話し合いの入り口に立つことができます。

――― ②子どもが「どうしたらいいと思う?」と聞いてきた場面 ―――

子どもは自身の力ではどうにもならないかもしれないという不安を「どうしたらいいと思う?」という言葉でお母さんに投げかけています。大人は、子どもからこのような相談を持ち込まれると、「何とかアドバイスをしてあげなきゃ」と一気に「自分に何ができるのか?」という思考にスイッチが入ってしまうものです。このとき、もともと子どもが抱えていた問題が、親の問題にすり替わってしまいます。

しかしながら、この年齢の子どもは、親に代わりに何かをしてほし

いと思っていることは少ないと考えられます。自身の不安感から、親の方が子どもの代わりに動いてしまうことは、「責任を取る」という子どもにとっての大事な成長のきっかけを奪ってしまうことにもなりかねません。

お母さんの対応へのアドバイス

子どもから漠然と「どうしたらいいと思う？」と聞かれた場合には、まずは今、子ども自身が抱えている問題について、明確にしていく必要があります。

人がストレスを抱える場面では、「本当はこうしたいという欲求」と「欲求と相反する現実」とがぶつかっていると考えられます。ストレスを抱えると、「相手が〇〇してくれない」と他罰的な考え方をしてしまいがちです。しかし、ずっとそのような考え方を続けていると、本来あったはずの「自分の欲求を大切にして問題解決をしていく」という視点が持てなくなり、いつも他人を責めて、自分で責任を取らないという結果にもなりかねません。

まずは、「何があったのか？」から話を聞いていき、「自分がどうしたいのか」という点を明確にしていきます。ゆりさんからは「せっかくやるなら、いい思い出を作りたい」という思いが語られ、「どうしたらみんなをまとめられるかな？」と相談がより具体的、かつ自分の問題として語られるようになりました。このときの話の聞き方のポイントは、途中で大人の意見を挟まず、とにかく聞き役に徹するということです。子どもが話を始めたら、自分の経験談で解決してしまおうと焦らず、子どもが解決したいと思っていることが出てくるまで相槌を打ったり、発言を繰り返したりして、子どもの話に合いの手を入れるイメージで聞いてみてください。

NG

OK

「進路希望、特になし」

テーマ　高校3年生の子と親が進路についてやり取りをします。進路について意見が異なる場合に、親の意見を押しつけず、子どものキャリアの方向性を明確にしていく場面の対応を学びます。

状況

　和夫くんは、公立高校3年生です。「なんでもいい」というのが口癖で、何かに打ち込むタイプではありません。成績も下から3分の1程度で、勉強といえば学校の授業を聞くくらいですが、赤点にはなっていません。今の高校も仲の良い友達が受けるし、家から30分程度で近いからという理由で選びました。和夫くんの家は、母子家庭です。小学校のときに両親が離婚し、3歳上の兄は家計を支えるために高校時代からアルバイトをしたり、大学も公認会計士の資格を取りやすい公立の大学を選んだり、大学3年生からは公認会計士の試験にチャレンジしたりしています。

　お母さんは、兄弟に「家のことは気にしないで、好きなことをしてほしい」と話していますが、和夫くんは今一つ打ち込めることが見つかりません。休日も友達と出かけるか家でゴロゴロしています。ある日、進路調査用紙にサインしてもらうため、和夫くんがお母さんに見せると志望欄に「特になし」と書いてありました。お母さんが「これ、どういうこと？」と聞いても、和夫くんはスマホをいじりながら面倒くさそうに答えます。

　「え～？　大学には行くよ」、母「どこ受けるつもりなの？」、子「受かるところならどこでもいいけど」、母「うーん」、子「おか

んだって、好きにしていいって言ってたじゃん」、母「まあ、そうなんだけどね。お兄ちゃんはちゃんと自分で決めたよ」、子「兄貴と比べないでよ。オレは、受かるところならどこでもいいの」、母「どこでもって、受からなかったらどうするの？」、子「決めてない」、母「ちょっと。さすがに浪人させるゆとりはないよ」、子「１年くらいならおばあちゃんが出してくれるって」、母「え？そんなこと言ってた？」、子「うん」、母「それにしたって、ちゃんと行きたい大学と理由がないと出してくれないでしょ」、子「そんときは、適当に言うよ」、母「だったら、今ちゃんと考えようよ」、子「えー。じゃあ、適当に書いといて」。

　和夫くんはスマホをいじりながらいなくなりました。お母さんは、大学に落ちたらニートになってしまうのではないかと急に不安になり、今までの育て方が悪かったのだろうかと愕然としてしまいました。

この場面のお母さんの解釈

和夫は意欲が低く、面倒なことが嫌い。自分では決めず、周囲に流されたり楽な方法を選んだりしようとしている。このままだと、ニートになるのではないかと不安な気持ちです。

解説

　和夫くんは、本当に何も決めていないのでしょうか？　実は、「なんでもいい」「ストレスがないのがいい」が和夫くんの願いのようです。和夫くんの発言や態度からヒントを探してみましょう。

●子の発信１：希望を聞くと「なんでもいい」

⇒「なんでもいい」という、受容的な価値観を持っています。

●**子の発信２：学校の授業を聞くことで赤点にはなっていない**

⇒授業はまじめに受けて、最低限の内容は習得しています。

●**子の発信３：高校選択は「仲の良い友達が受ける」「家から30分程度」**

⇒自分の特性に合わせたところを選んでいます。

●**子の発信４：進路調査用紙の志望欄に「特になし」**

⇒正直に書いています。

●**子の発信５：「受かるところならどこでもいい」**

⇒進路や就職先に執着はなく、身の丈に合うところなら、どこにでも
　適応すると伝えています。

●**子の発信６：「おばあちゃんが出してくれるって」**

⇒ちゃんと祖母と話をして、浪人の際の保険をかけています。

●**子の発信７：「そんときは、適当に言うよ」**

⇒他者理解力を示しています。

お母さんの対応へのアドバイス

　正しく解釈し、子どもの気持ちを受け止めてから、子どもの行動を
適切なものに変えてもらうための対話が大切です。

❶和夫くんのコミュニケーションタイプを理解する

　和夫くんは、「５つのコミュニケーションタイプ」（P145）の「キ
ツネタイプ」のようです。このタイプは、自分の中でも他者との間で
もストレスが生じないように、ひょうひょうとすり抜けたり、相手に
合わせたりします。欲求レベル（P10）では「苦痛回避」という生理
的欲求が強いのですが、「他者と一緒にいる（所属する）」ことで「安
心感」を持とうとするタイプなので、1人で引きこもることはしません。
相手と対立はしませんが、自己理解も他者理解も深まらないので、話

しているうちに「勝手にしなさい」と言いたくなってしまいます。

　では、和夫くんが進路に対して自分の考えを持つような話し合いをするには、お母さんはどのような聞き方をするとよいでしょうか。

❷キツネタイプに対応する際に効果的なコミュニケーション方法

　キツネタイプに対応する親に必要なのは、一緒に考える姿勢を持つことです。安心と所属の欲求が強いので、自分にストレスを与えそうなマイナスのものを排除していく形式で物事を選んでいきます。以下の4つを意識しましょう。

---

　a）一緒に考える
　b）選択肢を与える
　c）今や近い未来に焦点を当てる
　d）具体的にできそうなことを「公式」として提示する

　では、具体的にこの4つを使った会話を紹介します。

母「これ、どういうこと？」

子「え〜？　大学には行くよ」

　ここで、大学には行くという和夫くんの意思が確認できたので、「希望先が特にない」ことについて深めていきます。

母（隣に座って）「そうなんだ。じゃあ、『特になし』っていうのは、決め手が見つからないっていうことなの？」

子（スマホを見ながら）「なんかねー。HPとかって良いことしか書いてないじゃん」

母「確かにね。情報が多いようで少ないよね」

　和夫くんはまだ、スマホをいじっています。どうやら、翻訳を間違えたようです。ここで一度、以前和夫くんが使っていた選択の方略が

使えるのかを尋ねてみます。

母「ねえ、高校のときみたいに、友達と同じとことかは？」

子（母を見てあきれ顔で）「さすがに、それはないでしょ」

　どうやら、この方略はもう使わないようです。こういうときは、素直に謝ります。和夫くんはまだ、スマホをいじっています。和夫くんも手詰まりになっているようですが、その場からは離れないので、この話から逃げたいわけではなさそうです。そこで、この辺りから、新しい選択肢の提示に入ります。お母さんは、タブレットを開いて大学検索サイトに条件を入力し始めました。

母「大学には行きたいけど、行きたい要素が見つからないわけね。じゃあ、和夫が『嫌だな』と思う項目を外して絞っていこうか。たとえば『距離』は、電車で1時間以内、それとも以上でもいい？」

　するとお母さんのタブレットのそばに来て「遠いのはやだ」「課題が多いのもやだ」「専門が絞られすぎるのもやだ」と言い出しました。

母「決められちゃうのが苦手なの？」

子「っていうより、飽きちゃうんだよね。なんか、全体が見えてああこういうことかっていうくらいがいい」

母「だから、ネットニュースは見るけど詳細には行かないんだ」

子「まあね。ほどほどが安全だよ。だから、兄貴みたいに熱くなるのは、苦手」

　お母さんは、久しぶりに和夫くんとゆっくり話ができて安心しました。また、そういえば小さいころからつかず離れずの距離で友達とつき合っていたからトラブルもなかったし、担任の先生からは「いつも平和組の子たちと一緒ですね」と言われていたのを思い出し、和夫くんなりの生き方を応援しようと思いました。

NG

OK

3章 キレた子どもへの対処法 年齢別 親子のトラブル事例／高校生①

111

高校生②

「いろいろあるの！」

テーマ　部活に学業に忙しい高校2年生の女の子。部活での失敗が原因で最近、部活仲間との人間関係にも悩んでいます。成績が下がったことをきっかけに声をかけますが、ほかにも抱えていることがあるようです。本人の不安を否定せずに、話し合いの土俵に乗せる方法を学びます。

状 況

　まいさんは、私立の中高一貫校に通う高校2年生です。中学受験をして念願の志望校に入学し、テニス部に入部しました。中学校から始めたテニスでしたが、今ではレギュラーメンバーとして試合に出ることが増えました。

　夏の大会での団体戦。まいさんが負けてしまったことにより、チームが決勝に進めなかったことがありました。その試合は、今までの成績からすると、負けるような試合ではありませんでした。後から、同じ団体戦に出場した仲間から陰で「わざと負けたんじゃないか」と言われていることを知りました。実はその試合の前日、夜遅くまで友達とSNSでやりとりをしていました。そのため、睡眠時間はいつもより少ない状態で、少し遅刻もしましたが、決してわざと負けた訳ではありませんでした。しかし、万全の状態で試合に臨んでいなかった自分に対しても、悪いところはあったと後悔をしている部分もありました。

　お母さんは、最近まいさんがいつもスマホを気にしていて、勉強をせずにSNSのチェックや動画を見てばかりだったりすることを気にしていました。そんな状態が続くうちに、前期末テストで英語と数学の点数が30点ほど下がってしまいました。心配し

た担任の先生から連絡を受け、何とかしなければと焦っています。

　リビングに入ると、いつものようにまいさんがソファでスマホを使っています。思わず、大きな声で「英語と数学の成績落ちたんだって？」とまいさんを問い詰めます。お母さんからの問いかけに対して、まいさんは「え？　何で知ってんの？」と驚きましたが、先生から連絡があったことを伝えると黙ってしまいました。そこで、お母さんはさらに大きな声で「最近、スマホばっかりで全然勉強していないでしょ！　このままならスマホ取り上げるよ！　Wi-Fiも切るよ！」と言いました。

　スマホを取り上げると言われ、さすがのまいさんも「やめてよ！何も知らないくせに！」と反発します。何も知らないと言われたお母さんが「どういうこと？」と聞くと、まいさんは「部活でいろいろあるの！」と、夏の大会の後から部活のメンバーとうまくいっていないことと、その原因はお母さんが試合の日の朝にちゃんと起こさなかったからだと訴えます。

　「えっ、私のせい!?」と心の中で思ったお母さんは「高校生にもなって甘えるんじゃないわよ！」とさらにまいさんを説教しようとしましたが、まいさんはスマホを持って部屋に閉じこもってしまいました。

この場面のお母さんの解釈

薄々と気になっていたことの影響が学校の成績の方に出ていることを知り、呆れる気持ち。しかし、学校の先生と話をするうちに、娘の変化に気づいていながらも、注意しても変わらない娘の様子に、親としての責任を感じて焦っています。

注意するだけでは状況が改善しない子どもに対して、どうすれば自分の問題として捉えてもらうことができるでしょうか。

解説

中高生では、子どものストレス状況の悪化が学業への影響として現れてくるということが少なくありません。これはストレスが強かったり、緊張が継続したりするような状況では、もともと持っていた集中力や思考力を発揮しづらくなってしまうことが影響していると考えられます。

また、ストレス発生の原因となった出来事が自分の失敗や力不足によることだと本人が捉えている場合には、「また同じことを繰り返してしまうかもしれない」という不安を回避するために、はじめから取り組まないことで結果と直面することを避けようとする防衛本能が働いている場合もあります。

このような状況になると、親としてはなす術がなくなり、その結果、本人が多くの時間を費やしているものを取り上げてしまったり、やめさせてしまったりと、子どもにとって喪失体験につながることを本人の同意なしに行ってしまうことがあるようです。そうすると、子どもは自分が親からも追い込まれていると感じ、他罰や攻撃という行動を親に向けてきたり、自分を傷つけるような行動をしたりすることがあります。

高校生は親からの自立をより意識するようになり、特に対立場面では親子の対等なコミュニケーションが難しくなると感じることがあります。一方で、本当に本人がどうにかしたいという気持ちを持つことができれば、言葉での話し合いができる年齢でもあります。それぞれの場面で、子どもに何が起こっているのかを理解しながら、まずは話

し合いの土俵に立てるような対応方法を考えてみましょう。

①テストの結果について切り出す場面

大学受験まであと１年以上ある高校２年生であっても、この時期の成績についてはセンシティブになるものです。前期の成績を後期で挽回しなければならないというプレッシャーも本人は感じているものと思います。

このような気持ちの子どもに対して、「スマホばっかりで全然勉強していないでしょ！」と決めつけると、本人は「わかってもらえない」と心を閉ざして、何も答えなくなってしまいます。

お母さんの対応へのアドバイス

このような場面では、「私メッセージ」を使って会話をすることが大切です。「（私は）先生から電話で今回のテストの結果を聞いた」という事実を伝えます。さらに、「（先生が）まいのことを心配していたよ」とつけ加えます。この際に、自分（母親）への影響についても「お母さん（私）も、結果を聞いてびっくりしちゃったけど、最近、（まいさんが）スマホばっかりだったから心配していたのよ」という内容で伝えることもできます。

このように私メッセージを使うことで、子どもが責められたり、非難されたりしていると感じるようなコミュニケーションから、しっかりと自身への影響も伝えながら、「心配している」という親側の気持ちも伝わるコミュニケーションに変えることができます。

②「何も知らないくせに！」と言われた場面

親からスマホを取り上げると言われ、子どもの不安と怒りがマックスになっている場面です。その一方で、自分自身にも非があったと認識しているまいさんは、「こうなるのも仕方ない」と状況については

理解しているものと考えられます。周りから依存を疑われるような状況があるとき、同時に本人には依存せざるを得ない状況が存在していることも考えられます。

このようなとき、子どもは「自分のことをわかってほしい」と強く感じるものです。実際、子どもの世界にもいろいろなことが起こっていますし、自分では解決できないと思うような様々な葛藤を抱えて日々生活をしている子どもも少なくありません。

お母さんの対応へのアドバイス

前項で述べている「私メッセージ」によるやり取りにより、まいさんが困っていることが、部活動でのことに関係していることが話された際、大人は「そんな言い訳……」と反論してしまいそうになるかもしれません。しかし、依存に近いようなことが心配されるような状況では、本人もあまり意識していないようなストレッサー（ストレスを生じさせる刺激となる出来事）が存在することは相談の場面ではよくあることなのです。

本人から具体的な話が出てきたら、まずは共感的に話を聞くという基本に戻って対応をします。「確かに、あのときは残念だったよね」とお母さんが伝えると、まいさんからは「自分も気持ちを切り替えてまた練習をスタートしようと思っていた」という、拒絶ではない反応が返ってきます。その後に、「周りがそれじゃ収まらなかったみたいで……」と悩みの根本が語られます。その点についてお母さんが「それは仲間から直接言われたの？」と聞くと、「友達から（間接的に）聞いた」との答えが返ってきました。最近、部活の仲間もそっけなく、SNSで自分以外のメンバーが一緒に遊びに行っていることも知ったようです。

　子どもの話を共感的に聞くことで、まいさんのストレスの根源に、仲間内での居心地が悪くなってしまっていたことがあったとわかりました。このような状況で、必要以上にSNSなどで友人の様子をチェックしてしまったり、好きな動画を見て嫌な気持ちを紛らわしたりしないとやっていられなかったのです。こうした子どもの心情が理解できると、お互いの話し合いの方向が変わってくると思います。

　また、はじめの親子のやりとりでは、「お互いのせい」と責任の押しつけ合いのような結末になって、話し合いのやりとりも切れてしまいました。このやりとりを振り返ると、お互いに「（お母さんが）起こしてくれなかったから遅刻した」、「（まいさんが）高校生にもなって甘えているんじゃない」と、相手が主語になっている典型的な「あなた（You）メッセージ」から関係がキレるという流れになってしまっています。このことからも、「私メッセージ」が有効であることがわかります。

NG

OK

発達障害のある幼稚園児

「ぼくが一番前！」

テーマ　自閉スペクトラム症の５歳男児。子ども同士の遊びの場面だとトラブルが多いため、休日は父親が遊び相手になっていますが、ふとしたことで本人のこだわりによるパニックが起きてしまいます。子どもの特性を理解しながら、見通しを持って落ち着いて対応する方法を考えます。

状　況

　はるきくんは幼稚園の年長組。園では、友達とのちょっとした認識のずれや言葉の行き違いから、パニックになって摑み合いのけんかになることが多くなりました。特にトラブルのきっかけとなるのは、相手から注意をされたり、無視をされたり、仲間に入れてもらえなかったと本人が感じる場面が多いようです。そうなると、頭に血がのぼったように興奮し、周りが見えなくなります。さらに、一度興奮してしまうと友達が譲ってくれたり、謝ったりしても「絶対に許さない！」の一点張りになってしまいます。

　幼稚園の先生から「周りの子どもも言葉でのコミュニケーションが増える時期ということもあり、はるきくんにとってはすぐに言葉で切り返せないストレスがあるのでは」と言われた両親は発達相談を受けることにしました。そこで、はるきくんは知的障害を伴わない自閉スペクトラム症の診断を受けました。

　プラレールや図鑑が好きで、１人だと集中して遊びますが、幼稚園では、周りのペースよりも遅れてしまったり、先生の話を聞く場面でフラフラと友達にちょっかいを出しに行ってしまったりすることがあります。しかし、それは本人にとっては、友達に関わりたいという欲求の表れでした。そんなはるきくんの気持ちを

知っていたお父さんは、今日も一緒に公園へ遊びに行きました。

　すべり台がすいていたので、はるきくんはお父さんにすべり台の途中でトンネルを作ってもらい、夢中で遊んでいました。楽しそうな様子を見て、小学生の子どもたちが集まってきました。最初は「トンネルだよ」「特急だよ」と自慢していたのですが、ほかの子ども達が横に並んでどんどんすべるようになると、はるきくんはパニックになってきました。「勝手に行っちゃだめ！」「ぼくが、運転手」「みんなは、後ろ！」と、すべり台にのぼってきた子どもを押し戻そうとします。

　危ないので、お父さんが声をかけようとすると、1人の子が「お前が降りろ」「これはみんなのすべり台だよ」とはるきくんを注意しました。はるきくんは、みんなが昇ってこないように階段の一番上で座り込んで足をバタバタし、大泣きしてしまいました。お父さんは子どもたちに謝り、はるきくんに「降りて、落ち着こう」と言いましたが、「やだ！　ぼくが一番前！」と足をバタバタします。危ないので、お父さんは思わず「すべり台は、お前1人のものじゃない！」と大きな声で怒ってしまいました。はるきくんがびっくりして一瞬泣き止んだので、抱きかかえてすべり台から降ろしました。

この場面のお父さんの解釈

「まただ。思い通りにならないと癇癪を起してしまう」「ほかの子たちは、安全を守ろうとしているのに、何で邪魔されたと思ってしまうんだろうか」「暴れればみんなが言うことを聞いてくれると思ってしまうから、離さないと」「でも落ち着いたら、また、仲間はずれにされたと落ち込んでしまうので、どうやってなだめよう」という気持ちです。

解説

　幼児期の社会性の発達において、5歳児はまだまだ成長の途中です。そのため、大人にとっては本人の行動が年齢相応の未熟さからくるものなのか、特性によるものなのかの見きわめがとても難しい時期になります。このような中で、子どもに特性があることを理解していながらも、衝突したり、手をつけられない状況になったりして大人側が子どもに対してキレてしまうことがあります。

　さらに、この年齢の子どもは、まだ大人に頼りたかったり、甘えかったりする時期でもあるため、本人が落ち着いた状況だと、素直に反省をして謝るという行動を取ってくることもあります。しかしその結果、マイナス行動が繰り返されてしまいがちです。このようなことが繰り返されるうちに、子どもに同じようなことをさせないようにしようと、親は子どもに対してさらに厳しく注意をしたり、ときには脅してしまったりして、親子の関係性が不安定になることがあります。

①「勝手に行っちゃだめ！」と言い出した場面

　お父さんは、はるきくんがみんなを仕切ろうとしていると思ったようですが、はるきくんは、たくさんの子どもが次々に来たので眼に入る動きが多すぎて不安になっていたということを理解してください。それでも、みんなで遊ぼうと思ったので、「自分が運転手で、みんなが後ろから来れば、一列になる」と考えたようです。

　自閉スペクトラム症の子どもは、相手の考えが自分と違うということに気づくのが苦手な面があり、「自分が思っていることは相手も同じように思っている」と考える傾向があります。そのため、助けてくれると思った相手から「お前が降りろ！」と想定外のことを言われてパニックになり、さらにこだわりのスイッチが強く入ってしまったよ

うです。しかし、そのことをうまく言葉で相手に伝えられないはるき
くんは、座り込んで足をバタバタして「ぼくは悪くない。一緒に仕切
ってほしい」と訴えていたようです。

お父さんの対応へのアドバイス

　お父さんは、まず「はるきは、みんながいっぱい来てびっくりしちゃっ
たのかな」と気持ちを受け止めます。その後で「一列でやりたいのかな?」
と本人がやりたいことを明確にします。このことで、子どもはお父さんに
自分の発信が伝わっていることがわかり、安心します。同時に、周りの
子どもも大人が介入してくれる安心感を持ちます。両方の動きが止まったら、
「お兄さん。みんなの交通整理をお願いしていいかな」などと言って、小
学生のお兄さんに仕切りを任せましょう。小学生が「いいよ!」と言って
くれたら、はるきくんに「なっとくのりくつ」(P16)を使います。「はるきくん。
小学生のお兄ちゃんに任せよう」などです。

　自閉スペクトラム症の子どもは「自分と相手で違うことがある」と
いうことを自分で想像することは苦手ですが、相手からそのことを理
屈として伝えてもらうことで、その言葉が自分では想像できない部分
の思考の手助けとなることがあります（「なっとくのりくつ」）。本人が
納得できる言葉を提示することで、本人の抱えるモヤモヤを軽減する
ストレスマネージメントとしての効果が期待されます。

②興奮して、無理やり自分の望む行動をしようとする場面

　はるきくんは、みんなが自分の期待と違う反応をしたので、一気に
不安になり、どうしても思っていた通りにしないと落ち着かなくなり
ました。身体が熱くなり、言葉は出なくなり、感情のコントロールが
難しくなってきました。お父さんは、周りの子どもたちがはるきくん
を取り囲むと余計にパニックになると思い、仕方なく、暴れるのを覚

悟で抱きかかえてすべり台から降ろしました。

お父さんの対応へのアドバイス

　表情や言葉から子どもの不安が高まりそうな様子が見られたら、うまく気持ちを切り替えさせることがポイントです。

　お父さんとの「ごっこ遊び」を、ほかの友達との遊びに展開するには、はるきくんは力量不足です。不安が爆発する前に、気持ちを受け止めてから、やりたいことを叶えてくれるリーダー役を小学生に手渡すことが大切です。「ここはお兄さんが仕切る場面」と納得できれば、安心して従えます。子どもは、見通しが立つと気持ちが落ち着きやすくなります。

　ここで大事なのは、本人の望む結果を可能な限り実現することです。興奮した場面でその場から引き離すのではなく、「一緒に遊びたい」気持ちを受け止めた上で、「お兄さんに任せた方がより安全で、楽しい遊びになる」という体験ができる支援をします。また、はるきくんの気持ちを代弁することで、周囲の子どもたちがはるきくんが、なぜ大声で止めようとしたのか、なぜ一番前がいいのかが分かるようになります。

　そのような対応により、本人にも、周囲にも自分が何に不安になっているのかがわかるようになります。自閉スペクトラム症の子どもは、いつものやり方や順序にこだわることがありますが、新しいやり方が自分の欲求を叶えるために効果的だと納得すると、方法を変えることができます。ただし、パニックになってしまった後では修正が難しいので、出かけるときには、あらかじめトラブルを予想しておくことが大切です。「今日は、公園に行きます。公園は、みんなが楽しく遊ぶところです。すべり台がすいている時は、お父さんとトンネルごっこができます。お友達が来たら、みんなが一番前になれるようにして遊びましょう」などと行動を予測しておくと、切り替えもスムーズになるでしょう。

NG

OK

「整理整頓できない」

テーマ　発達障害がある子どもの子育ては、障害を「否認」する時期から、なんとか普通に生活させたいと「試行錯誤」する時期を経て、うまくいくと「共生」に至りますが、良い方法や支援者が見つからないと「あきらめ」て周囲が本人に合わせていくことがあります。「あきらめ」から「共生」に近づけるためにできることを学びます。

・・・・・・・ 状　況 ・・・・・・・

　清美さんは小さいころからマイペースです。整理整頓が苦手で、欲しい物を探すために部屋中に物が散乱します。時間の管理も苦手で、いつもギリギリに学校に出かけたり、出かける前にあれがないこれがいると大騒ぎです。自分の部屋は足の踏み場がないくらい散らかっているので、勉強はリビングでやりますが、終わったら出しっぱなしです。お父さんは几帳面なので、帰るたびに雷が落ちますが、清美さんはまったく気にしません。お母さんは、小さいころに清美さんを病院や療育センターにも連れていきましたが、注意欠陥はあるものの多動や衝動性はないので薬は処方されず、知的にも標準以上なので学校も普通級でよいと言われました。お友達とも仲良く遊べるので何もトレーニングは受けないまま、受験して私立の中学校に通っています。

　お母さんの今の悩みは、体操服や上履きを持ち帰ってきてくれないので汚れたままになっていたり、お弁当箱を出さないので翌日の朝、カバンから出して洗わないといけなかったりすることです。予備のお弁当箱を一つ用意しておいて交互に使うことにしていますが、水筒はこれまでに5個以上なくしています。テストの

ときにも教科書やプリントが見つからず、またテスト範囲もわからないので直前に友達に聞きまわることが続いています。リビングに出しっぱなしの文具やコミック、ゲームなどを片づけるという約束を何度交わしてもすぐに散らかります。

　ある日、我慢ができなくなったお父さんが、リビングの机の上の物を段ボール箱に入れて、隅に片づけました。帰ってきた清美さんが、リビングに自分の荷物がないので「ここにあった物は？」と尋ねると、父が「汚いから捨てた」と言いました。
子「何で、捨てたのー？」、父「お前が片づけないのが悪い」、子「えー。信じらんない。明日提出なのにー」。

　すると、お母さんが隅の段ボール箱を指さしました。清美さんは段ボール箱のところに行ってひっくり返しながら「お母さん！あの課題どこ？」と叫びます。ボールペン、キャラクターノート、お菓子などがリビングに散乱し始めました。

　お母さんが「この間言ってた、理科のレポート？」と聞くと清美さんがうなずくので、お母さんは清美さんの部屋に行って、探し当てて持ってきました。清美さんは「そう。これこれ」とプリントだけ持って2階に上がろうとします。すると、父「片づけろ」、子「今、無理」、と険悪な様子になりました。

　お母さんが片づけ始めると、父「やらなくていい。お前がそうやって甘やかすから、清美がいつまでも自分でやらないんだ」、母「言ったって、できないんだから仕方ないじゃない」、父「痛い目にあわないとわからないんだ。ほっとけばいい」、母「ほっときましたよ。そしたら、学校から呼び出されるのは私なのよ」、父「じゃあ、メモにやることを書いておけばいいじゃないか」、

母「それも、やりました」、父「部屋を整理する」、母「無駄でした」、父「こづかいをなくす」、などと言い争いになりました。そうしている間に、清美さんが2階から降りて来ました。

子「お腹すいたー。ご飯まだ？」、父「食べたかったら、手伝え！」、子「お父さんの方が暇そうじゃん」。

　お父さんが立ち上がって、清美さんに近づいていこうとしたので、お母さんが間に入り、「お父さんはお風呂入ってきて。清美は、お皿出して」と言いました。お父さんが風呂に向かうと、清美さんはお皿を取りに行ったまま引き出しの料理本を見始めてしまいました。

この場面のお母さんの解釈

清美には、発達障害があるので何を言っても無理だろう。新しいことを試すよりも、自分が秘書になっている方がトラブルが少ない。夫は、子育ては母親の仕事だと思っていて関わってこなかった。夫が障害を理解するのは無理なので、できるだけ2人を離しておくのが一番の解決策だと思っています。

解説

　お母さんの希望はトラブルの回避で、清美さんともお父さんとも意思疎通をすることは無理だろうとコミュニケーションを切っています。一方清美さんは、お母さんの呼びかけには応えますし、課題は直前になると自分で気づきます。また、学校では助けてくれる友達もいるようです。さらに、宿題をいつもはリビングでやりますが、お父さんがいるので自分の部屋で行うという場所の選択もできています。取りかかったら集中して行っているようです。

お父さんは、清美さんの障害を理解できていないのでしょうか？メモに書く、行動で覚えるということは知識として理解していますし、お母さんに指摘されるとそれ以上は踏み込みません。また、お母さんを怒っているのは、お母さんが清美さんに振り回されているのを気づかっているのかもしれません。

お母さんの対応へのアドバイス

お母さんが少しでも楽になれるように、お父さんと清美さんの会話を仲介するには、どうしたらよいかを解説します。この会話で活用できるのは、「ブレインストーミング」です。ブレインストーミングを始めるときは、初めての場合はルールを説明してください。詳しい進め方は、P62を参照してください。清美さんの支援について意見が対立した場面を、話し合いに修正してみましょう。

父「やらなくていい。お前がそうやって甘やかすから、清美がいつまでも自分でやらないんだ」

⇒ここは、「やらなくていい」とお父さんは、お母さんが大変なのをねぎらう気持ちを伝えてくれていると受け止めた上で、清美さんを自立させたい欲求を明確にします。

母「私のことも心配してくれてるんだね。ありがとう。そうね。清美が自分で整理できるようになってほしいよね」

父「じゃあ、メモにやることを書いておけばいいじゃないか」

⇒お父さんが、解決策を提案しています。気持ちは受け止めた上で、ブレインストーミングの提案をしてみましょう。

母「なるほど、目に見えるようにしておくというアイデアね。ほかにもいろいろアイデアを出し合ってみましょうよ」

⇒ブレインストーミングは、うまくいけば続けるし、いかないときは
　修正をします。

母「お父さん、今みたいなアイデアをどんどん出してくれると嬉しいな」

⇒お父さんがブレインストーミングに慣れていない場合、お母さんは、
　それとなくお父さんに促してみましょう。また、アイデアは、付箋
　に書いておくと、動かしやすいです。

父（ブレインストーミングの最中に）「あいつは、やることやったら『お
　腹すいたー。ご飯まだー？』とかケロッと言う」

母「そうだね。清美は自分の意見ははっきり言えるよね。家事や手伝
　いも、助けがあればできるね」

⇒お父さんがマイナスの意見を出しても、できている部分に注目して
　付箋を増やしていきましょう。

母「たくさん出たね。じゃあ、清美が1人でもできることと、助けが
　あればできることに分けてみましょう」

⇒お父さんは、お母さんの指示には従ってくれそうですし、両親で考
　えることが大切なので、選ぶときは一緒に選びましょう。

⇒ブレインストーミングで出たアイデアを整理します（P130）。

母（清美さんへ）「この中で、1人でできることは、清美がやりやすい
　ように環境を改善して、助けがあればできることは、一緒にやって
　みることにしない？」

●ブレインストーミングで出たアイデアを整理する

1人でもできていること	助けがあればできること
友達が多い	家事やお手伝い
学校に、毎日行く	課題や行事の予定表を作る
明るい	持ち物の支度
やることを思い出す（直前になればできる）	具体的な行動の指示をもとに動く
集中して課題を仕上げる（短い時間ならできる）	注意が一度逸れても、元の行動に戻る（指摘されれば戻れる）
助けを求める	人のアドバイスを聞く
自分の意見を、はっきり言う	時間を管理する
自分でできることは頑張る	道具の整理整頓

　リストアップされたアイデアから、清美さんが学校から帰ってきたときの動線の正面に2つの箱を設置することにしました。その右横には、お母さんのスケジュールを「清美さんのことを手伝える時間」「家事や別のことをやる時間」「家族で過ごす時間」に色分けして、見えるように書き出しておきます。

　清美さんは、帰ってきたらまずカバンを開けて、宿題や、学校からのプリントを「自分でできること」と「手伝ってもらうこと」に分けて、それぞれの箱に入れることに同意しました。手伝ってもらいたいことは、お母さんのスケジュールに合わせて手助けしてもらいます。

　2週間やってみて、仕分ける作業と、自分でやることを2階に持っていくことまではうまくいったのですが、やりっぱなしで置いてきてしまうことがあったので、2階の机の正面にも「終わった宿題やプリントは、カバンに入れる」と貼っておくことにしました。

NG

OK

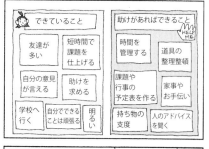

3章

キレた子どもへの対処法　年齢別　親子のトラブル事例／発達障害のある中学生

「ちょっと借りた」

テーマ　家庭内窃盗。おばあちゃんのお金を持ち出して遊びに行ったり、友達の家を泊まり歩いて帰ってこなかったりする高校生。話をしようとすると家から逃げ出してしばらく帰ってこなくなるので、なかなか話し合いができません。

状　況

　亨（高1）は、4人兄姉の末っ子です。お父さんは亨が小学6年生のときに病気で亡くなり、お母さんと祖父母の家で生活しています。祖父に介護が必要なので、お母さんは、パートをしながら祖母と交代で祖父の介護を行う元気のよい女性です。子どもたちにも不自由させまいと、いつも笑顔で頑張ってきました。長男は、家計の状況がわかっていたので、大学には進学せずに住み込みで働ける町工場に勤め、職場結婚して2歳の子どもがいます。長女は、お母さんが空元気で笑顔を振りまくのを「うさんくさい」と嫌っていて、高校卒業後は看護師になるために寮つきの専門学校に通い、今年から看護師として働き始めました。次男は公立高校3年生です。まじめでおとなしく、家ではほとんど口をききませんが、指定校の推薦をもらい、商業系の大学への進学が決まっています。亨は、明るい性格で友達も多く、家族の中では、兄姉にかわいがられて育ってきましたし、進学にも就職にも力を入れている、次男と同じ公立高校に進学もできました。そのため、お母さんとしては自分の子育てはうまくいったと思っていました。

　しかし高校1年生の6月くらいから亨の様子が変わってきました。遅刻が増え、部活も入りません。何となくやる気が出ないのか、

家を出ても学校に行かないため学校から連絡が来ることが増えました。事情を聞いても「何でもない」と言うばかりです。学校に行くとそれなりに楽しそうに帰ってきますし、1学期は期末テストも受けて、ギリギリ赤点にはなりませんでした。お母さんは、自分が亨に話をするといろいろ追いつめてしまうのではと思い、長男から話をしてもらいました。長男には力でも口でも敵わないとわかっているので、亨は「2学期からは頑張る」と言いました。

しかし生活は改まらず、夏休みからは昼夜逆転、夜中に出かけ、友達が家に来て泊まっていくようになりました。友達は年上で髪にメッシュを入れ、腕にはタトゥーがあります。お母さんが「あの人、つき合って大丈夫なの?」と亨に言うと、亨からじっと睨まれてしまい、その後家に帰ってこない日が増えました。1人暮らしの友達のアパートに泊めてもらっていると言います。時々、着替えを取りにくるのか夜中に出入りした様子があります。

ある日警察から電話があり、亨がヘルメットをかぶらずにバイクの2人乗りをして捕まったと伝えられました。余罪として書店で漫画を万引きしたことが発覚しました。書店の防犯カメラに映っていて被害届が出されていたためです。漫画は売ってしまったと言うので、書店には代金を払って謝罪しました。友達がアルバイトをしている車の修理工場で亨もアルバイトを始めたので、送り迎えのためにバイクに乗せてもらっていた、本は、ヘルメットを買うお金がないので万引きして売ったと言います。警察も初犯だし反省しているようだというので、二度とやらないと約束して、ヘルメットを一緒に買いました。

しばらくは家から学校に通い、アルバイトに行き、帰宅が深夜

になる日々が続いていました。休みの日は、友達とカラオケやツーリングだと言って出かけます。ある日、次男から亨と部屋を分けてほしいと言われました。たばこ臭いし、時々酒の臭いもするというのです。また、祖母から仏壇に置いてあるお金が５万円減っていると言われました。そういえば、お母さんも自分の財布から現金が減っていることがここのところよくあります。部屋を調べてみると、カードゲーム類、ゲーム機、服など、亨のお小遣いでは買えそうにないものが床に広げてあります。カバンの中にはビニール袋に入ったままの漫画本がシリーズで入っていました。

驚いたお母さんは、学校から帰ってきた次男に学校での亨の様子を聞くと「あいつ、学校来てないよ」とぼそっと言われました。漫画本のことを聞いてみると「ネットで売ってるみたいだよ」と言います。お母さんは、亨から事情を聞くためにメールで「大事な話があるから、今日は遊びに行かずに帰ってきて」と伝えましたが返信はなく、１週間家に帰らなくなりました。

仕方なくお母さんは「今日帰ってこないなら、玄関の鍵をつけ替えます」とメールを打つと、亨は夕方帰ってくるなり「ちょっと借りた。バイト代が入ったから、ばあちゃんの封筒の２万円返すよ」と、サッとお金を出しました。また「今日もバイトが夜まであるから」と言って、部屋からゲーム機と服を持って出かけようとします。お母さんが「それ、どうするの？」と聞くと「友達から借りてたから、これから返すんだけど？」と言うので「ちょっと待ちなさい。なくなったのは５万円だよ」と問い詰めると「何それ？　俺を疑ってんの？」と怒った口調で返されました。

お母さんは、ここで頑張らなくてはと思い「ねえ。警察で約束

したよね。なのに、漫画とかもどうしてあんなにいっぱいあるわけ？　部屋だってたばこ臭いし、学校にも行ってないんだって？」と立て続けに亨を責め始めてしまいました。すると「……部屋入ったの？」と亨の顔つきが一気に変わりました。お母さんはしまったと思って焦り、言い訳が止まらなくなってしまいました。

　母「だって、また警察に捕まったら困るのは亨だよ。約束したじゃない。お小遣いだってちゃんとあげてるでしょ？」、亨「だから？」、母「お金かからない遊びだってあるでしょ」。

　亨はふうーっとため息をつき、「つき合いっていうのがあんの」と言います。母「だからって、人のお金とっていいわけないよね。ひょっとして、誰かにたかられてるんじゃないの？」とだんだん不安も出てきます。亨が黙ってしまったので、お母さんは言葉が止まらなくなってしまいました。「このままでいいわけないじゃない。高校退学になったら本末転倒でしょ？　甘いのよ。ここでちゃんと生活立て直して、留年しないように……」

　亨は、バンッとテーブルをたたくと、お母さんに背中を向けて「それ、無理だから」と言って出て行ってしまいました。しばらく家に帰らないので、泊まらせてもらっていたという友達に連絡すると、迷惑かけちゃいけないからと言って出て行ってしまったと言います。それ以来、亨とは連絡が取れません。

　実は、亨が家に寄りつかなくなったのには、理由がありました。お父さんの闘病生活中や、兄姉が家にいたときにはいろいろな人が家に出入りしてにぎやかでしたが、今はがらんとしています。また、今の高校には、中学でつるんでいた友達がいません。何が不満というわけではないのですが、なんとなく倦怠感があり、楽

しいと感じることがないのです。たばこも1〜2回だけで、おい
しくないのでやめたし、転売も手間ばかりかかるのでやっていま
せん。漫画は転売用に買ったものですが、高く売れる時期が過ぎ
て放置していました。お金が必要だったのは、カラオケに行くと
きに自分が誘うので、友達の分を出してあげていたためです。お
母さんの財布から数千円抜いたことも数回あります。

この場面のお母さんの解釈

甘やかしてしまった結果、自分で責任を取らなくなっている。
このまま非行が続くのではないかと不安。手元に置いて、立
ち直らせたい、という気持ちです。

🔆解説

　亨は、人とにぎやかに過ごすのが好きなようで、友達と一緒なら仕
事も学習もできます。また、試してみて自分に合わない場合にはすぐ
にやめています。自分が何をしたいのかがわからなくなっており、学
習も人間関係も長続きはしていないし、兄姉と自分の生き方が違うの
で居場所がないようです。亨の本音が聞けるようになるためには、お
母さんは自分の不安をどう調整すればよかったのでしょうか。

お母さんの対応へのアドバイス

　今、亨の気持ちは閉じてしまっているので、まずは亨との信頼関係
をつなぎ直すところから始めます。この段階では、子どもは関係性を
あきらめてしまったり、被害的に捉えてしまったりしやすい状態なの
で、受け止める側がニュートラルでいてください。亨が「話してみよ
うかな」と心を開くために、最初のお母さんの発信をどのように変え

たらよいか考えましょう。

●**母の発信１：「大事な話があるから、今日は遊びに行かずに帰ってきて」**

⇒お母さんは、事実を確認せずに相手の行動を決めつけているのと、相手の都合を聞かずに一方的に要望を出しています。相手が安心して話し合いの場に来られるように「私メッセージ」を使い、話し合いたいテーマを伝えた上で、自分の希望する日程を複数挙げてから相手の予定を聞きます。

　今回は「おばあちゃんがお金のことで困っています。亨に聞きたいことがあるので、今晩か明日の夜に話をしたいです。どちらが良いか連絡してください。両方とも都合が悪い場合は、大切なことなので今週中で良い日程を教えてください」と、話し合いの場に相手が出てくるのを待ちます。しばらく連絡がない場合は、もう一度同じ文面を送り「亨と話がしたいです」と自分の気持ちを伝えます。

●**母の発信２：「ちょっと待ちなさい。なくなったのは5万円だよ」**

⇒まず「２万円は亨だったんだね。返却ありがとう」と行動を受け止めます。その上で「実は、おばあちゃんは５万円足りないって言ってるんだ」と事実を伝え、相手の出方を待ちます。「へーそうなの」と話が続けられそうなら「亨が２万円借りたとき、封筒に残りいくらあったか覚えてる？」と事実を確認します。「数えてない」と言う場合は、シャットダウンが始まったと理解して話はそこまでにします。

　その上で「おばあちゃん、介護費用を確認したら、５万円足りなかったらしくてびっくりしたんだって」と亨の行動がどういう影響を他者に与えたかを事実として伝えます。反発せずに「そうなんだ」

と事実を受け止めた場合は「次に何かに困ったときは、お母さんに相談してほしい」と関係をつなぐ言葉を伝えておきます。

他の場面も同様です。「私メッセージ」を使う場合は、❶事実を伝え、❷その事実を自分がどう感じるか・考えるかを「私は、このように感じる」と伝えます。その上で、❸解決策の提案をいくつかします。

●**母の発信３：「漫画とかもどうしてあんなにいっぱいあるわけ？ 部屋だってたばこ臭いし、学校にも行ってないんだって？」**

⇒これを「私メッセージ」の基本に従って変えてみましょう。

❶事実を伝える：「亨の部屋に、漫画がいっぱいあるね。たばこの臭いもしてたよ」

❷私メッセージを送る：「あの漫画をどうするのか、お母さんは知りたい」「たばこは、20歳以上からと決まっています。健康に悪いし部屋が臭くなるので、お母さんは反対です」

相手が話しだしたら、「そうなんだ」と聞き、解決策を一緒に考えていきます。

❸解決策を提案する：解決策としては、漫画の転売やたばこ以外のストレス発散方法などです。もし❷で「関係ないでしょ」と拒絶されたら、拒絶の気持ちを受け止めた上で、もう一度私メッセージを出します。「関係ないって思うんだね。お母さんは、亨と話ができるようになりたいです」

このように、非行に走る場合は関係性を次々に断ち切ってしまおうとします。聞き手はそれに巻き込まれないようにニュートラルな気持ちでいることが大切です。そのためには、話し合いをする前に自分自身の気持ちを整理して、伝えたいことに優先順位をつけてください。また、相手の出方を予想して許容範囲を決めておくことも大切です。

NG

OK

ちょっと
待ちなさい
なくなったのは
5万円だよ

…

2万円は亨だったんだね
返却ありがとう

さむいから
お茶
のもう

…

たばこ臭いし、
学校も行ってないんだって？
警察で約束したよね

何それ？
俺を疑ってんの？

どうぞ
熱いよ、
気をつけて…

ほうじ茶
ね

…

お金かからない遊びだって
あるでしょ
誰かにたかられてるんじゃないの？

…

亨が2万円借りたとき、
封筒に残りいくらあったか覚えてる？
おばあちゃんね、介護費用を
確認したら、5万円足りなくて、
びっくり
したんだって

介護費

そう
なんだ

甘いのよ
ここで生活
立て直して、
留年…

それ、無理だから！

困ったときは、
お母さんに
相談してほしいな

わかった

アンガーマネージメントプログラム

　これまで、アンガー状態とは何か、アンガー状態になるとどのような反応が起こるのかを解説し、周囲の人が巻き込まれずに冷静な対応ができる方法を紹介してきました。感情が揺れるのは自然なことです。そのため、自分がアンガー状態になったときに素早く冷静になるためにアンガーマネージメントを活用する方法も多くあります。これは「レスキューノート」として保護者向け、成人向け、矯正教育に携わる方向けの3種類を作成しています（本田、2020）。

　本節では、繰り返しアンガー状態になりがちな親や子どもたちが、段階を追って学んでいくアンガーマネージメントプログラムを紹介します。アンガーマネージメントプログラムは、表1の5課程を段階的に進める、構造化されたプログラムです。

課程	テーマ	内容
第1課程	気づき	自分の行動パターンに気づき、キレそうなときの応急対応「ストレスマネージメント」を学ぶ
第2課程	知的理解	自分の欲求と、周囲の欲求（社会のルールなど）との折り合いをつけるために「なっとくのりくつ」を学ぶ
第3課程	自己理解	自分の感じ方、考え方、行動の特徴など、個性を理解し、自分らしさに自信を持つ
第4課程	新しい行動の学習	自分の個性に合った、適切な気持ちや欲求の表現方法「ソーシャルスキル」を学ぶ
第5課程	新しい行動の練習	日常の生活場面で、適切に気持ちや欲求を表現する練習をする

表1　アンガーマネージメントの5課程

　上記はアメリカやカナダなどで実施されていましたが、そのまま日本に導入するのは困難でした。自己主張が強く自立性の高い文化背景の人々と、日本人のように気持ちを抑え込んだり、周囲との調和を重

視する文化の人々では、内容を変える必要があったためです。

　そのため、筆者は年齢や対象に合わせてプログラム内容と回数、重視する課程を変えて、４つのプログラムを作成しました。心理発達の途上にある人向けの「Ｄプログラム」、思春期向けの「Ｃプログラム」、非行傾向が強い人向けの「Ｂプログラム」、保護者が子育てでキレないための「Ｐプログラム」です。

第１課程　「行動パターン」の理解とストレスマネージメント

---

①出来事を整理する

　どのプログラムでも、まず「自分がどういう刺激でどういう行動をとりやすいか」を整理します。刺激と反応を一連の流れとして整理すると、自分がどのように興奮していったのか、不安を高めたのかが見えやすくなり、どこで止めればよかったのかが考えやすくなるからです。

　次ページ図１はＰプロ（保護者向け）で使う「できごとを整理するシート」です。記入例には「子どもが、出かける前にぐずぐずしている」という刺激があり、自分の行動は「玄関から『早くしなさい！』と怒鳴りつけた」とあります。すると、子どもは「テレビの前から動かなくなった」という次の刺激が起こり、自分は「靴を脱いで子どもの部屋に行きカバンを取って、子どもに持たせようとした」とあります。

　適切な行動を考える前にまず、この場面で自分はどんな気持ちだったのか、何がしたかったのか（欲求）を整理します。「仕事に遅れると、焦り始めた（気持ち）」「毎日のことだから覚えてほしい（欲求）」がありました。次の場面では、「何で言うことを聞いてくれないんだろう（気持ち）」と「さっさと動いてほしい（欲求）」がわかりました。ここで、

自分の気持ちと欲求を適切に子どもに伝える言い方や行動を考えます。

　落ち着くために「ストレスマネージメント」として深呼吸をし、「大丈夫だよ。子どもはちゃんと動いてくれる」とセルフトークをして「ママは、仕事に遅れそうで焦ってるんだ」と「私メッセージ」で気持ちを伝えてみることにしました。子どもは、お母さんが落ち着いて待っていてくれるので「ごめんなさい」と言って、ママと手をつないで保育園に向かえました。

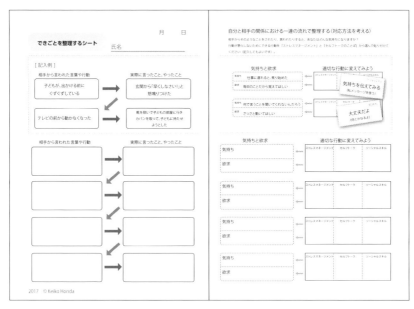

図1　できごとを整理するシート（本田、2017）

②キレている場面への応急対応を学ぶ

　出来事が整理できたら、次に、キレている場面への応急対応を学びます。自律神経の興奮を収めて、言葉や思考を働きやすくするためです。ストレスマネージメントには、「❶刺激を排除する」「❷身体の緊張をほぐす」「❸気分転換をする」の３つがあります。

❶刺激を排除する

　最初に、刺激を排除します。興奮して暴れている場面で何とか鎮めようと大人が説得したり、そばに行ったりすると余計に事態が悪化することがよくあります。まずは、自分が刺激にならないようにすることが大切です。家の中に、子どもが静かになれる場所を用意しておきましょう。トイレや自室の布団の中、タンスの中などにこもる子どもは落ち着こうとしているので、少し待ってあげてください。親も少し離れて冷静になってから、話し合いに進みます。

図2　ストレスマネージメント〈刺激を排除する方法〉（本田、2014）

❷身体の緊張をほぐす

　次に、身体の緊張をほぐします。緊張していると表情が硬くなってにらんでいるように見えたり、声が大きくなったり、出なくなったり、力加減ができずに怪我をしたりするためです。すぐできるのが、息をふうっと吐き出すこと。息を止めていると筋肉が緊張しますが、吐くと柔らかくなります。手に力が入っているときは、逆に思いっきり力を入れます。それ以上力がかけられなくなったら自然と脱力できます。

図3　ストレスマネージメント〈身体の緊張をほぐす方法〉（本田、2014）

❸気分転換をする

　最後に、元の場所に戻る前に気分
転換をしましょう。ストレスのかか
る刺激そのものはなくなっていない
ので、ストレス耐性をつけるために
は、心に栄養が必要だからです。

　気分転換では、これまでの作業で
は使っていなかった器官を使うのが
おすすめです。また、気分転換は、
5分から10分程度が適当です。それ
以上になると、元の作業に戻るのが
面倒になってしまうからです。

気分転換をする方法

好きな絵や写真を見る

好きな音楽や
リラックスできる音楽を聞く

運動してみる

気に入った感触のものを触る
（タオル、ぬいぐるみ、ゴムボールなど）

散歩に行く

落ち着く
香りをかぐ

温かいお茶を飲む
水を飲む など

図4　ストレスマネージメント〈気
分転換をする方法〉（本田、2014）

③5つのコミュニケーションタイプを学ぶ

　第1課程では、「5つのコミュニケーションタイプ」（表2）も学び
ます。自分がどのタイプのコミュニケーションをしているかを理解し
て、自分も相手も満足するフクロウタイプに近づくようにしていきま
す。

　サメタイプは、自分の気持ちが優先されるため、相手の気持ちは否
定したり、無視したり、説得したりして自分の主張を通します。カメ
タイプは、引きこもって自己主張も他者理解もしません。関わってき
た相手もカメさんが話し合いの場に出てこないのであきらめます。テ
ディベアタイプは、自分の気持ちよりも相手の気持ちを優先します。
相手には「この人には何を言っても大丈夫だ」と思われがちなので、
自分はいつもストレスをため込んでいます。キツネタイプは、自分の
主張はしますが、争いが嫌いなので、相手が受け入れそうにないと引

っ込めたり相手に妥協したりします。そのためいつも達成感がありません。

アンガーマネージメントで目指しているのは、自分の気持ちも相手の気持ちも大切にして、両方が満足できる解決策を出すことができるフクロウタイプです。

タイプ		自分の気持ち	相手の気持ち	問題の解決
サメ		◯	✕	自分だけが満足
カメ		✕	✕	問題解決には ならない
テディベア		✕	◯	相手だけが満足
キツネ		△	△	どっちつかず
フクロウ		◯	◯	両方とも満足

表2　5つのコミュニケーションタイプ

第2課程　「行動背景の理解」と　なっとくのりくつ・セルフトーク

アンガーマネージメントで重要な役割を果たすのが、自分の行動の背景を理解することです。何を言うか、何をするかを判断するのは自分の「考え方」だからです。この考え方は2段階に分かれます。"オ

ートマチック思考"という、刺激に対してすぐに出てくる「考え方の
くせ」と、"中核信念"という、「自分の生き方」と深く関係している
ものです。この2つへの対応をゆっくりと時間をかけて学びます。

　子どもたちの場合は、自分の欲求と周囲の規範との折り合いをつけ
るための「なっとくのりくつ」や「セルフトーク」（P16）を学んで、
視野を広げたり見通しを立てたりしやすいのですが、親は長年その考
え方でいろいろなことを解決してきたので、頭では理解できても気持
ちが追いつかず、行動はたやすく変えられません。また、言い方や行
動だけを変えても、自分が納得しなければ気持ちと裏腹になってしま
うので、子どもには「うそっぽい」と思われてしまうことになります。

　そこで、まず第2課程で「考え方のくせ」を理解して修正します。
次に、第3課程で、自分の親との関係も含めて自分らしさや自分の生
き方を受け止めるプロセスに入ります。「キレやすい考え方のくせ」
には、表3の8つがあります。ご自身やお子さんが、どの考え方を使
いがちなのか、チェックしてみてください。

　どういう出来事に対して、その考え方をしがちなのかがわかったら、
「①視点を変える」「②視野を広げる」方法で修正をします。「考え方」
を無理に変えるのではなく、その考え方を使って少し見方を変えるこ
とで、今まで見えていなかった部分を見えるようにするのが目的です。

①視点を変える

　視点を変えるには、「❶量を当てはめる」「❷別の可能性を考える」
「❸他罰しているときは、自分の責任を考えてみる」「❹相手の立場に
立ってみる」の4つの方法があります。

❶量を当てはめる

「あの子はいつもゲームをしている」を「今日は、何時間ゲームして

考え方のくせ	例
白黒思考	良いか悪いか（判断基準は自分の価値観）で判断する 例：好きか嫌いか、 敵か味方か
完璧主義	自分の理想や完成像に、完全に一致させようとしがち 自分が予定した通りの行動や結果を、自分や相手に求めがちになる 例：子どものことは、すべて把握していないといけない
「〜べき」 「〜ねばならぬ」	「〜べき」：他者への期待が高いのに、相手には具体的に伝えていない。言わないでもわかるだろう 例：「言われなくても、宿題はすべきでしょう」 「〜ねばならぬ」：自分への期待が高く、できない自分を追いつめてイライラしがち 例：「子どもは、親に従わせねばならない」 　　「親は、子どもに尊敬されねばならない」
過度な一般化	一つの出来事を証拠として、みな同じ結果になると一般化する 例：子どもが忘れ物をしたのを見て「あなたは、いっつも忘れ物をしている」と責める
過大・過小評価	事実を曲げて、自分を不必要に追いつめたり、甘やかしたりする 過大……必要以上に大げさに考えること 例：子どもが定期テストで赤点をとったことで「どうしよう。もう進級できなくなった。転校先を探さないといけないの？」と焦る 過小……必要以上に些細なことと考えること 例：子どもが「今日は、学校行きたくないな」とつぶやいたのを聞いて「何言ってんの、行ったら元気になるわよ」と玄関から押し出す
ひねくれ	好意かもしれないのに、相手には悪意があると考えて、被害的に受け止める 例：「あの人はわざとあんなうわさ流したのよ」 「うちの子ばっかり注意して、あの先生はよその子をひいきしている」
なすりつけ	相手を責めることで、自分の責任を逃れようとする 例：夫（妻）に対し、「あなたが子どもの面倒を見ないから、子どもが勝手なことをするようになった」と言う
とらわれ・ のっとられ	同じことを、何回も何回も繰り返し考えるなど、一つの考えにとらわれる 言われた言葉を、何度も頭の中で繰り返して自分に言ってしまう、など 例：子どもから言われた言葉を頭の中で繰り返す 「ママのせいで、こうなったんだからね」 「何回やったって、うまくいくわけないじゃない」

表3　キレやすい考え方のくせ

いたかな」と具体的な数字にします。

❷別の可能性を考える

「ゲームをして、勉強をサボっている」のか「学校で嫌なことがあったから、勉強の前に気晴らしをしている」のかを考えます。たとえば、右の絵は何に見えますか？　おじいさんに見える人と若い男の人に見える人がいると思います。視点の置き方によって、同じものを見ても、異なるものに見えることがあります。「怖

図5　見る中心点を変えてみる

い人」と思っていても実は「優しい人」かもしれません。「注意ばかりされる」のは「自分を向上させようとしている」からかもしれません。

❸他罰しているときは、自分の責任を考えてみる

　「私ばかり苦労して、お父さんは、何もしてくれない」と文句を言う前に「あれ？　私、お父さんに助けを求めていたかな」と考えてみましょう。他罰しやすい人は「言わなくたってわかってほしい」という甘えや相手への期待が大きいので、自分の気持ちを伝えていないことが多いためです。

❹相手の立場に立ってみる

　図6の左の子は「4本」と言いますが、右の子は「3本」と言います。このままでは、相手が嘘をついていると誤解しあったままですし、自分の言い分を通そうとして「言い争い」になりがちです。

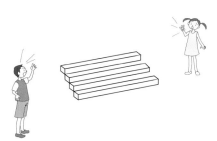

図6　相手の立場に立ってみる

そこで「動ける方が相手の視点で見る」ようにしましょう。視点を変えられるのは大人の方なので、まず、大人が子どもの話を聞きます。

　このように、マイナスに捉えたり、言い分が異なるときは、視点を変えたり別の可能性を考えてみたりすることで、見えていない部分がわかるようになります。そのために「相手の話を聞く」ことが大切になるのです。

②視野を広げる

　視野を広げるには、「❶トンネル思考の外側を想像する」「❷見通しを立てる」「❸囚われ思考は、囚われ思考で解決する」「❹思い切って極論を考える」の４つの方法があります。目的は自己コントロール感を取り戻すこと。視野が狭くなっているときは周囲の影響が強いために、自分ではどうにもならないと思い込んでいることが多いからです。

❶トンネル思考の外側を想像する

　たとえば子どもが反抗期になり、親を無視したり、勉強をしなかったり、学校に行かない日が続いたりすると「いったい、これがいつまで続くのだろうか」「何をやってもだめだ」とトンネルの出口が見えなくなります。子どもの問題を自分の問題として捉えてしまうと、トンネルの外にある自分の生活も見えなくなりがちだからです。そういうときは「茶髪が一生続くわけじゃない」「私には、仕事もある」と、トンネルの出口や外側を想像してみましょう。

❷見通しを立てる

　視野が狭くなっているときは「見通しを立てる」ことも有効です。どこまでやればよいかというゴールを決めたり、「これが終わったら、楽しいことをしようと」計画を立てたりするとコントロール感を取り戻しやすくなります。

❸囚われ思考は、囚われ思考で解決する

　マイナス思考が頭の中で繰り返されてしまう場合は、「囚われ思考は、囚われ思考で解決する」こともできます。つまり自分で、考える時間やその行動を行う回数を決めるのです。「さあ、考える時間だぞ」と向かい合うと、「もういいや」と囚われ思考を止めることができます。

❹思い切って極論を考える

　これは開き直りに通じます。とことんその考え方を突き詰めたらどうなるかをシミュレーションしてみるのです。「あの子と、明日の朝もまた、学校に行くかどうかでけんかになるのだろうか」と不安なら、「そうか、本人が登校したくないなら、一度気持ちよく学校をずっと休ませてみよう」と考えてみてはどうでしょう。自分の気持ちが決まれば、問題を解決するのは子どもになります。

第３課程　　「自己理解」と自分らしさの受容

　自己理解と自己受容が第３課程の課題です。第２課程で「考え方のくせ」を理解したので、第３課程ではその考え方をどこで学んだか、自分の親との関係も含めて、自分らしさや自分の生き方を受け止めるプロセスを学びます。

　子ども向けのプログラムでは、自分の価値観を理解するために「カチッとファイブ」（図7）を作成しますが、保護者向けのＰプロではこれに加えて「家族マップ」（図8）を作成し、自分と家

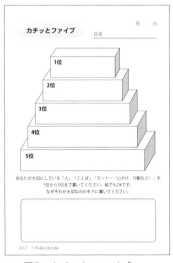

図7　カチッとファイブ

族の関係や距離感を見える形にします。自分が育った家族と今の家族を比較すると、自分と子どもの距離感や接し方について、誰の影響を受けてきたかがわかりやすくなります。

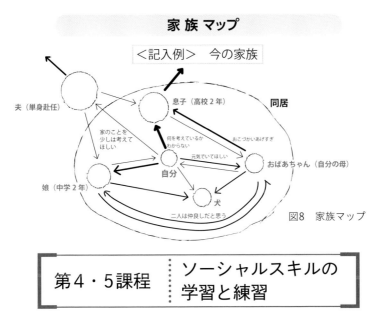

図8　家族マップ

┌─────────────┬────────────────────────┐
│ 第4・5課程 ┆ ソーシャルスキルの │
│   ┆ 学習と練習 │
└─────────────┴────────────────────────┘

自分の特性が理解できたら、最後は自分らしい対応方法を学びます。

①子ども向けプログラム

　アンガーマネージメントの目的は、自分も相手も納得がいく解決方法を探すことです。子ども向けプログラムでは、欲求の発達を4段階に分け、それぞれの段階で必要なスキルを学びます（次ページ表4）。

　キレやすい子どもには、【1段階A】の赤鬼さんタイプ（P8）か、【1段階B】の青鬼さんタイプ（P9）が多いですが、学校には【3段階】目の子どもたちが多いので、キレている子どもがいても傍観して関われないなど、話は聞けてもお互いが納得のいく解決はできていません。

欲求の発達段階	例	育てたい力
ゼロ	感情、欲求、規範意識が未発達。興奮すると八つ当たり	●興奮を緩和する力 ●規範意識　●仲間作り
1段階A 自分だけ○ 相手×	自分の欲求を通そうとする。規則はわかっているので、強い人には従うが、相手をコントロールできる場面では、暴力、無視などを道具にしてやりたいことを行う	●イライラを緩和する力 ●仲間と一緒に作業する力 （謝る、感謝するなどのつなぎの言葉と、自分がやりたいことを説明する力など）
1段階B 自分× 相手だけ○	自分の気持ちや欲求が未発達なので、他者の欲求や指示に従う規範意識はあるが、責任感も未発達のため、人のせいにしがち	●不安を緩和する力 ●自己理解力、自己表現力 （「私メッセージ」：私は〜と思う、なぜなら〜だから）
2段階A 自分　△ 相手△	規範意識や他者理解が少し進んでいるが、自分の欲求が強いと折り合いがつけにくい	●視野を広げる ●先を見通す力　●他者理解力 （相手の話を聞く、別の方法を見つける）
2段階B 自分△ 相手　△	自分の欲求や責任感が育ち始めているが、他者が強い場合は、あきらめてしまう	●視野を広げる　●状況理解力 （その場の「おとしどころ」を見つける。話し合う力）
3段階 自分△ 相手△	自分と他者との欲求の折り合いはつけられるが、「妥協」や「同調」をしている	●状況理解力　●視野を広げる ●先を見通す力 （情報を集める、話し合う、提案する）
4段階 自分◎ 相手◎	自分と他者の欲求を理解し、お互いが納得いく形での解決ができる	●対立解消 ●コンセンサス（合意）

表4　欲求の発達段階（本田、2014）

　双方が納得するためには、キレやすい子どもたちもソーシャルスキルを学習し、周りの子どもも、より良い解決策を見つけるスキルを学ぶことが大切です。子ども向けにはクラスの授業で実施できる予防用の6回のプログラムと、個別に学ぶ9回のプログラムがあります。お子さんに受講させたい場合は、アンガーマネージメント研究会や、早稲田大学教育総合クリニックなどのプログラムを実施している機関をお探しください。予防教育として学校で実施したい場合は、実施担当

の方がアンガーマネージメント研究会の研修を受講後、プログラム教材を購入して実施することができます（P156〜159）。

②保護者向けプログラム

　保護者向けには、第3課程の自己理解を行うまでを5回で行うプログラムと、第4・5課程のソーシャルスキルトレーニングも含めて10回で行うプログラムがあります。様々な相談機関でペアレントトレーニングが開催されているので、アンガーマネージメントの基本になる第3課程までが行えれば、他のプログラムと組み合わせることが可能となります。

③保護者向けの対応練習

　子ども向けも保護者向けも、学校、家庭、社会など様々な場面で生じるトラブルを絵場面にして対応練習をします。刺激場面、困った場面からアンガーマネージメントを実施して、望ましい結果に導く練習です。絵場面は、望ましいゴールが設定されたものと、自分でゴールを決めるものがあります（図9）。それぞれの場面で、自分ができそうなストレスマネージメント、セルフトーク、ソーシャルスキルを選び、インストラクターとロールプレイをしながら具体的な声がけや態度、表情などを練習します。

図9　この場面どうする（Pプロ）

④子ども向けの対応練習

　子ども向けの絵場面は、4コマになっています（図10）。まず自分の
アンガーの表出タイプによって、「赤鬼さん」「青鬼さん」「凍りつき
さん」用のワークシートをそれぞれ選びます。そしてロールプレイの
ワークシートに、その場面で使うストレスマネージメント、なっとく
のりくつ、ソーシャルスキルを選んで、記入していきます。ワークシ
ートができたら、2人1組になって、シナリオを読みながら表情や態
度などを加えて練習していきます。小学生向けのプログラムでは、ア
ンガー状態になるところから修正する方法を学ぶので、最初の2コマ
の絵には、いつもよくやってしまう行動が描かれています。本書では
異なりますが、プログラムで使う4コマの絵の背景色は、子どもの気
持ちを示してあり、引き金は黄色、アンガー状態の場面は赤、修正し
て落ち着き始める場面が水色、修正できた場面は黄緑になっています。

　図10の例は、ちょっかいを出されてパニックになる1段階Bタイ
プ（P152 表4）のお子さんのロールプレイのワークシートです。最初
の場面では、苦手な工作で嫌だなーとぐずぐずしていたら「何それ？
変なのー」とからかわれています。いつもなら、被害的に捉えて、自
分の作品を壊してしまい、相手にも影響が出ています。まず、からか
われた直後は、落ち着くために第1課程で学んだストレスマネージメ
ントで深呼吸とタイムアウトをします。

　落ち着いたら第2課程で学んだ「なっとくのりくつ」を選びます。
このお子さんは、「工作を仕上げたい」という自分の欲求と「授業中だ」
というルールの間で使える「なっとくのりくつ」を探しました。そこ
で、キレて工作をあきらめないように「今は、がまんだ」「できること
を、やろう」という言葉を選びました。

4枚目では、「ソーシャルスキル」を選びます。この場面では、からかってきた子がいる同じ席に戻らないといけないので「ソーシャルスキル」として「やりすごす」をすることにしました。

　ワークシートができたら、2人1組になって、からかわれた場面から席に戻るまでを実際に行います。

1回目：高学年「友だちにからかわれた」

Ａさんは図工が苦手です。Ｂさんから作品をからかわれて、Ａさんはパニックになってしまいました。でも、今日中に仕上げないといけません。

状況カード
誰が何に困っているかを理解します

トラブル場面カード
パニックになると、自分がどういう行動をとるか、その結果どうなるかを考えます

ストレスマネージメント／ソーシャルスキル
- タイムアウト
- 深呼吸（力を抜く）
- やりすごす

ソーシャルスキルカード
適切な解決方法や行動を選びます

なっとくのりくつ
- 今は、がまんだ
- できることを、やろう

「なっとくのりくつ」カード
自分がやりたいことと、やらなくてはいけないことの「折り合い」をつけます

図10　この場面どうする（Dプロ）

アンガーマネージメントを
もっと学びたい方へ

アンガーマネージメントをさらに学びたい方には、以下のような方法があります。

Ⅰ 研修会を受講したい方へ

1）ご自身がアンガーマネージメントの講座を受講したい場合

●アンガーマネージメント研究会のワークショップ

http://anger-management.jp/top.html

2）お子さんにアンガーマネージメントの講座を受講させたい場合

●早稲田大学　教育総合クリニックのグループ講座

https://www.waseda.jp/fedu/edu/news/2015/09/29/4368/

土曜日に８回ずつ、前期、後期で実施しています。

**3）学校に講師を派遣、またはオンラインでアンガーマネージメント
研修を実施したい場合**

アンガーマネージメント研究会にお問い合わせください。

**4）ご自身が学校や教育相談機関等でアンガーマネージメントプログ
ラムを実施したい場合**

●アンガーマネージメント研究会の研修会を受講して実施する場合

受講後に教材を購入して、実施できます。

❶基礎講座

小学生向け：Ｄプログラム用の基礎講座

思春期向け：Ｃプログラム用の基礎講座

❷上級講座：基礎講座を受講の上、お申し込みください。

矯正教育向け：Ｂプログラム用の上級講座

保護者向け：Ｐプログラム用の上級講座

面接演習講座：専門家向けの講座

●学校に講師を呼んで、プログラムを実施したい場合

アンガーマネージメント研究会にお問い合わせください。

保護者向けプログラム教材
（内容物）
解説書：1冊／マニュアル（1〜9回）：一式／
ストレスマネージメントカード：一式／なっとく
のりくつカード：一式／SSTカード：一式

Ⅱ 書籍や教材で学びたい方へ

1）キレやすい子の理解と対応シリーズ　ほんの森出版

本田恵子（2002）「キレやすい子の理解と対応
　　　―学校でのアンガーマネージメント・プログラム―」

本田恵子（2007）「キレやすい子へのソーシャルスキル教育
　　　―教室でできるワーク集と実践例―」

本田恵子（2010）「キレやすい子へのアンガーマネージメント
　　　―段階を追った個別指導のためのワークとタイプ別事例集―」

本田恵子（2014）「先生のためのアンガーマネージメント
　　　―対応が難しい児童・生徒に巻き込まれないために―」

2）脳科学を活かしてキレにくい子どもを育てるシリーズ

●授業改善シリーズ

本田恵子（2006）「脳科学を活かした授業をつくる
　　　―子どもが生き生きと学ぶために―」みくに出版

本田恵子編著（2014）「～インクルーシブ教育で個性を育てる～
　　　脳科学を活かした授業改善のポイントと実例集」梧桐書院

3）絵本でキレにくい子どもを育てるシリーズ　梧桐書院

本田恵子・監修、高氏雅昭・絵、桑原永江・文（2013）
　　　「いまじん～どうなる？　どうする？」
　　　（2枚組の絵を比べて子どもたちの行動の変化や背景を考えます）

本田恵子・文、よこはるか・絵（2014）
　　　「いまじん2～わくわくたんけん」
　　　（子どもの情緒的な体験を五感で感じていきます）

本田恵子・文、ひとみこぱん・絵（2016）
　　　「ぱんだえほん～ぱんぱんぱんだの12か月～」
　　　（日本の季節ごとの風景をぱんださんと一緒に旅しながら感じていきます）

高氏雅昭・作絵（2015）「ぼうけんめいろ」
　　　（絵に隠された謎解きをしながら迷路を進んで行きます）

4）ソーシャルスキル教育教材

●感情教育関係　しろくまデザイン（https://www.wbear.jp/）

本田恵子、鈴村眞理「表情ポスター」「表情カード」

塚原　望、本田恵子（2020）「感情マップ」

本田恵子、鈴村眞理（2020）「SSTチャイルドカード」
　　　（子供向けSSTカード〈CD-ROM版〉）

●ソーシャルスキル教育関係　クリエーションアカデミー（http://www.meltcom.co.jp/）

本田恵子、鈴村眞理「このあとどうなるの？」（SST 2択展開カード）
　　　（トラブル場面で自分の行動を予測し、適切な方法を学びます）

本田恵子、鈴村眞理「なかよしチャレンジ」

（学校で生じる様々なトラブルを3択カードで答えながら学ぶボードゲーム）

本田恵子他「フレンドシップアドベンチャー」

（「自尊心」「勇気」「思いやり」「ストレス耐性」「オリジナリティ」などをカードの質問に答えながら育てるコミュニケーションボードゲーム）

本田恵子「SSTカードnew」

（子どもから成人まで活用できるソーシャルスキルの基本が学べるカード教材）

SSTカードnew

【参考文献】

〈1章〉

本田恵子（2014）「アンガーマネージメントプログラムDプログラム」

本田恵子（2016）「ソーシャルスキル尺度」

本田恵子（2021）「コロナ時代の教育のあり方―『自主的・対話的・深い学び』の確保」
　　　（山口幹幸、高見沢実編著『Before/Withコロナに生きる社会をみつめる』P21-46　ロギカ書房）

アンガーマネージメント研究会 http://anger-management.jp/top.html

〈2章〉

Bowlby,J(1969)*Attachment and Loss*, Basic Books

Erikson,E.H(1950)*Childhood and Society*,W.W.Norton and Company.

本田恵子、植山起佐子、鈴村眞理（2019）『改訂版　包括的スクールカウンセリングの理論と実践』金子書房

〈Special Column〉

本田恵子（2014）「アンガーマネージメントDプログラム」

本田恵子（2017）「アンガーマネージメントPプログラム」しろくまデザイン

〈本書で紹介したアンガーマネージメント教材〉

「保護者用Pプログラム」「小学生用Dプログラム」「中学高校生用Cプログラム」しろくまデザイン
　　　教材は、アンガーマネージメント研究会の「研修会」を受講後購入できます。

編著　本田 恵子（ほんだ・けいこ）

早稲田大学教育学部教授。アンガーマネージメント研究会代表。中学・高校の教職に就いた後、アメリカでカウンセリング心理学博士号を取得。不登校やいじめ、非行などの問題を包括的に捉え、学校、家庭、地域と連携しながら、スクールカウンセリングや支援プログラムの開発・実践などを行っている。アンガーマネージメント研修の講師も務め、子どものためのソーシャルスキル・トレーニングの教材や、アンガーマネージメントプログラムを研究開発している。

公認心理師。臨床心理士。学校心理士。特別支援教育士SV。

著　岩谷 由起（いわや・ゆき）

早稲田大学教育・総合科学学術院、千葉工業大学教育センター非常勤講師。スクールカウンセラー。

小学校の教職に就いた後、早稲田大学大学院にて学校心理学を専攻。主に、多世代交流をはじめとする異年齢の交流を通した子どもの社会性向上プログラムの開発・実践などを行う。現在は乳幼児から高校生までの子どもたちの発達相談をはじめとした保育士や教員、保護者への教育コンサルテーションを実施している。

公認心理師。学校心理士。特別支援教育士。

キレにくい子どもを育てる。親子のアンガーマネージメント　　　こころライブラリー

2021年7月13日　第1刷発行

著　者　本田恵子
　　　　岩谷由起
発行者　鈴木章一
発行所　株式会社講談社
　　　　郵便番号112-8001
　　　　東京都文京区音羽2-12-21
　　　　電話　編集　03-5395-3560
　　　　　　　販売　03-5395-4415
　　　　　　　業務　03-5395-3615
印刷所　株式会社新藤慶昌堂
製本所　株式会社若林製本工場

KODANSHA

ISBN978-4-06-524171-4